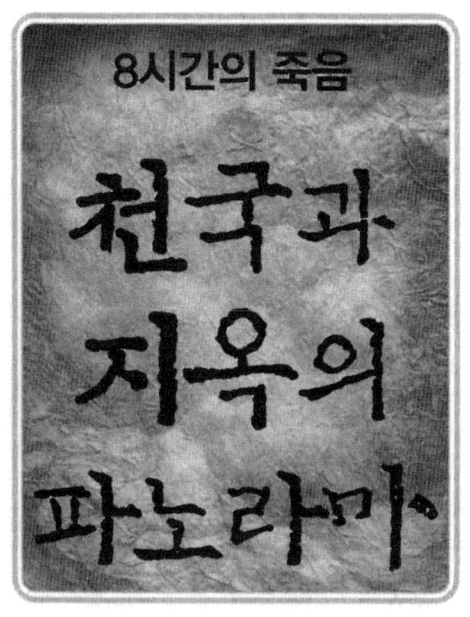

리처드 시그문드 지음

임은묵 옮김

예찬사

My Time in Heaven: A True Story of Dying and Coming Back
Copyright ⓒ 2010 by Richard Sigmund and Cleft of the Rock Ministries
Originally published in English under the title
My Time in Heaven: A True Story of Dying and Coming Back
by Cleft of the Rock Ministries
P.O. Box 177 Maxwell, Iowa 50161 U.S.A.
All rights reserved.
Korean translation copyright ⓒ 2014 by Yechan Press
This Korean edition is published by arrangement with
Revel, a division of Baker Publishing Group

이 책의 한국어판 저작권은 미국 클레프트 오브 더 락 미니스트리와
독점 계약한 예찬사에 있습니다.
저작권법에 의해 한국 내에서 보호받는 저작물이므로
무단 전재와 무단 복제를 금합니다.

ⓒ 2010 by Richard Sigmund and Cleft of the Rock Ministries

추천의 글

모든 사람은 하나님께서 우리를 위해 예비하신 경이롭고 영원한 집인 천국에 대한 리처드 시그문드의 매혹적인 여행기를 읽어야 한다. 그는 당신이 이 책을 읽을 때에 마치 그와 함께 천국에 있는 것같이 느낄 정도로 천국에 관해서 매우 자세히 기록했다. 이 책은 당신의 삶에 영감을 줄 것이며, 당신으로 하여금 살아계신 하나님의 영광스러운 것들을 이해할 수 있도록 해줄 것이다. 나는 당신에게 이 책을 적극적으로 추천하는 바이다.

_ 메리 백스터 박사
「A Divine Revelation of Hell」과
「A Divine Revelation of Heaven」의 저자

나는 30년이 넘도록 천국에 다녀온 사람들과 인터뷰를 했다. 리처드 시그문드의 천국 간증은 내가 들어본 것 중에서 가장 완전하고 자세했다. 그는 내가 인터뷰했던 사람 중에 천국에 관해서 가장 신비로운 것들에 관해서 대답했다. 천국에 있었을 때, 그는 나의 사역과 나의 미래, 그리고 장차 나를 만나게 될 것에

대한 말씀을 들었다. 그리고 2년 전, 우리는 친한 친구가 되었다! 예언적 시계 바늘은 자정의 1초 전까지 왔고, 이 책은 우리로 하여금 천국을 사모하는 마음을 더욱 강하게 품을 수 있도록 도와줄 것이다. 이 책은 필독서이다!

_ 시드 로스

「It's Supernatural」 텔레비전 프로그램의 사회자

나는 지난 25년 동안 천국에 관해 기록된 책들을 수집해왔다. 나는 리처드 시그문드를 처음 만났을 때에 매우 기뻤으며, 그의 사역을 통해 큰 감동을 받았다. 우리가 천국 경험에 관해서 이야기를 나누었을 때, 나는 그의 간증을 듣는 중에 성령님의 기름 부음을 느낄 수 있었다. 이 책은 읽기 쉽고 이해하기에 수월하다. 어른들은 이 책을 읽는 동안에 기름 부음을 느끼게 된다.

나에게는 한 친구가 있는데, 그는 이 책을 수백 권이나 구매하여 자기 친구의 모친 장례식에 참석한 조문객들에게 나누어

주었다. 이 책은 그들에게 큰 위로를 주었다. 나는 이 책을 모든 사람에게 강력히 추천하는 바이다. 이 책은 성경적이고 많은 정보를 제공하고 있다. 예수님을 섬기는 것은 우리 인생의 궁극적 목적이다. 천국은 정말로 있다!

_ 폴 헥스트롬 박사
라이프 스킬스 인터내셔널 선교회 창립자, 베스트셀러 작가

리처드 시그문드는 처참한 자동차사고를 당하여 사망했을 때에 8시간이나 죽은 상태로 있었다. 그는 하나님의 보좌 근처에 앉았고, 예수님과 대화했다. 그는 사도들을 보았고, 그들과 대화했다. 그는 지금까지 천국을 보고 온 사람 중에서 가장 광범위하게 천국을 설명하고 있다. 리처드는 하나님을 마치 당신이 호흡하고 있는 공기처럼 매우 가까이에 계신 분으로 설명하고 있다! 나는 그와 더불어 수많은 나라들로 다니며 사역하는 동안에, 그의 천국 체험이 그로 하여금 마지막 한 사람까지도 하나님의 치유를 받을 수 있도록 병자들을 위해서 기도하게 한 원인

이라는 것을 안다. 천국은 그의 사역 가운데 임하였고, 하나님께서는 영광을 받으셨다.

_ 로렛타 블라싱게임 박사
로렛타 블라싱게임 선교회 창립자, 『거기 누구 없는가?』의 저자

  이 책을 통해 사후 세계의 전경을 볼 준비를 해라. 크리스천이 이 세상을 떠날 때 가게 되는 세상에서의 생명에 대한 본질적 묘사를 볼 준비를 하라. 인간의 마음을 사로잡는 세상, 곧 형용할 수 없이 평화롭고 아름다운 세상이 있다. 그 세상은 "해가 지지 않는" 곳이며, 예수님께서 우리를 위하여 그 사랑과 은혜의 풍성함 가운데 영원히 살게 하시려고 처소를 예비하신 곳이다.
  이 책의 첫 페이지부터 마지막 페이지까지 읽고 난 후에 다시 반복해서 읽으라. 이 책을 당신 개인 서재에 가치 있는 자료로 보관하라. 당신 가족과 친구들을 위해서 여분의 책을 구입하라. 이 책을 당신의 손에서 놓지 마라. 우리는 많은 사람이 기

본적으로 가지고 있는 두려움이 죽음의 두려움이라는 것을 듣
게 된다. 이 책은 특별한 메시지를 담고 있는 특별한 책이다. 이
책은 이 시대의 선지자로 부르심을 받은 한 남자에게 계시된 특
별한 메시지이다. 나는 이 책에 담긴 메시지를 좋아한다.

_ 폴 C. 콜린즈 박사

액츠 선교회 창립자

리처드 시그문드 박사는 가장 기적적인 사역을 하는 사람 중
의 하나다. 실제로 그의 사역에 나타나는 기적들은 인간의 상상
을 뛰어넘을 정도로 매우 기적적이며, 많은 사람에게 믿음을 도
전할 정도로 매우 경이롭다. 그의 사후 체험과 천국 여행에 대
한 간증은 내가 그 동안 들었던 간증 중의 최상이다. 시그문드
박사의 최고 관심은 고통당하는 사람들에게 살아계신 그리스도
의 치유를 받도록 도와주는 것임을 나는 안다.

_ L. D. 크래이머 박사

텔레비전 전도자, 리조이스 크리스천 센터 담임목사

헌사

이 책을 쓸 수 있도록 용기를 주고 지원해준
많은 이들에게 이 책을 바친다.

놀벨 & 메기 헤이즈
시드 로스
L.D. 크래이머 박사, 챌린지 선교회
로버트 세사랙, 러브 오브 갓 선교회

또한 나에게 위로의 말을 해준 이들에게 바친다.

렉스 험바드
W.V. 그랜트 시니어
데이빗 눈

목차

- 추천의 글 _ 3
- 헌사 _ 8
- 서문 _ 12
- 들어가는 말: "나는 돌연 빽빽한 구름 휘장 안에 있었다." _ 14

Chapter 1. "너는 하나님과 약속이 되어 있노라" _ 17
영광의 구름 속으로 끌려 들어가다/ 천국의 영접장소/ 나를 위해 예비된 길

Chapter 2. "너는 이 길로 가야 하느니라" _ 25
황금길과 정원/ 천국의 나무

Chapter 3. 어린양의 생명책 _ 33
"저 책들을 보시오"/ 불의 혀가 있는 성문/ 수정같이 맑은 호수/ 예수님은 어디에나 계시는 듯했다

Chapter 4. 천국의 아이들 _ 41
아이들의 특별한 능력/ 천국에서 양육되다

Chapter 5. 천국의 건축물 _ 53
선교사들의 주택/ 도둑이 없다/ 형용할 수 없는 건축양식/ 수많은 섬광으로 휩싸인 수정성/ 천국에 있는 우리집/ 모든 것이 하나님의 보좌로 흘러가고 나오다/ 태피스트리(Tapestry)/ 영원한 간증집회/ 어린양의 혼인잔치

Chapter 6. 하나님께서는 우리의 내일을 아신다 _ 73
　　천국의 문서 보관소/ 오늘의 기도를 통해 하나님은 내일을 정하신다/
　　하나님을 찾는 것에 대한 교훈

Chapter 7. 하나님의 지식 도서관과 학교 _ 81

Chapter 8. 기념하는 글 _ 85
　　장미의 길/ "장미꽃이 절대로 떨어지지 않는 곳"

Chapter 9. 천국의 음악, 언어, 의복 _ 93
　　어디에서나 들리는 음악/ 천국의 언어와 인간의 언어/ 천국의 의복

Chapter 10. 천국의 전망대와 차임 _ 101
　　지구가 내려다보이는 전망대/ 다이아몬드와 같고 다양한 색상의 차
　　임/ 천국의 상급 보관소

Chapter 11. 예수님이 나에게 오셨다 _ 111
　　예수님의 명령/ 모든 평강의 원천/ 살아있는 방주/ 만남의 장소

Chapter 12. 하나님의 성 _ 123
　　눈 덮인 산과 영광의 바다/ 천국의 수도(Capital)/ 쉐키나
　　(Shekinah) 영광

Chapter 13. 하나님의 신비 _ 131
　　대륙과 대양/ 무수한 층/ 수많은 질문들

Chapter 14. 예언적인 천국 _ 137
　　일곱 예언적 표적/ 원형 대강당과 기도 금향로/ 천국의 곡창지대/ 천
　　국의 말(馬)

Chapter 15. 천사의 지위 _ 147
　　기록을 보관하는 천사/ 하나님의 군대: 전투 천사/ 지혜를 주는 천사/
　　보호하는 천사/ 하나님의 모든 목적을 수행하는 천사

Chapter 16. 꿈의 성 _ 159

Chapter 17. 하나님의 보좌 _ 163
　　보좌로 나아가다/ 하나님 앞에 엎드리다/ 보좌에 앉으신 하나님/ 하
　　나님의 제단에서 나온 숯/ 하나님의 영광/ 천국의 평화와 평안

Chapter 18. 주님을 알현하다 _ 177

Chapter 19. 지옥을 보고 오다 _ 183

Chapter 20. 보좌를 두 번째 방문하다 _ 191
　　만유의 중심에 서다/ 하나님의 언약/ 물 위를 걷다/ 장미정원/ 주님께
　　서 말씀하시다

Chapter 21. "너는 세상으로 돌아가리라!" _ 203
　　천국을 보고 온 후의 기적/ 당신은 영원한 생명을 얻을 준비가 되었는
　　가

● 후기: 하늘과 땅이 만나는 곳 _ 214
● 구원과 치유와 축귀의 간증 _ 222
● 정선된 성구 _ 237

서문

나는 내가 겪었던 사건에 관해서 설명할 수 없다. 단지 내가 보았던 것을 당신에게 말해줄 수 있을 뿐이다. 무슨 말로도 설명이 불가능하다. 내가 보았던 풍경들과 소리들과 색상들과 냄새들에 관해서 설명한다는 것은 정말로 불가능하다. 누가 천국이라고 불리는 곳에 관해서 설명할 수 있겠는가?

천국에서 알던 것을 지금은 기억할 수 없다는 말을 나는 기억한다. 또는 내가 천국에 관해서 기억하는 것이 허락되지 않았을 수도 있다. 나는 많은 것을 볼 수 있도록 허락되었지만, 허락되지 않은 것들이 훨씬 많았다.

다른 많은 사람도 나와 비슷한 천국 경험을 했으며, 그들이 보았던 것 중 몇 가지는 내가 본 것과 같았다. 하지만 다른 것들은 내가 본 것과 같지 않았다. 만약 당신이 천국이라고 불리는 곳을 보도록 허락되었다면, 당신도 내가 본 것과 다른 것들을 보게 될 것이다. 천국을 보게 되는 모든 사람은 천국을 각기 다르게 볼 것이다. 어쩌면 내가 보고 증언하는 것 중의 다수는 타인이 보게 될 것들과는 다를 것이다. 왜냐하면, 우리는 각자 다른 사람이기 때문이며, 하나님께서는 우리 각 사람을 개인적으로 다루시기 때문이다.

내가 천국에서 본 것들이 나에게 도움이 되었듯이, 이 책을 읽는 모든 이들에게도 도움이 될 줄로 믿는다.

예수님께서 나에게 말씀하셨다.

"내가 너를 얼마나 사랑하는지, 그리고 내가 너를 위해 무슨 일을 했는지를 절대 잊지 마라. 네가 만나게 될 사람들을 내가 얼마나 사랑하는지, 그리고 내가 그들을 위해 처소를 예비하고 있다는 것과 내가 그들을 얼마나 사랑하는지를 절대 잊지 마라."

나는 이것을 설명할 수 없다. 나는 오직 내가 본 것만을 말할 수 있을 뿐이다. 내가 말할 수 있는 것은 이 책에 기록된 것뿐이다.

_ 리처드 시그문드 박사

들어가는 말

" **나는 돌연 빽빽한 구름 휘장 안에 있었다.** "

내 얼굴 위에는 홑이불이 덮여 있었다.
'오, 내가 사고를 당한 것인가!'
"이분은 몇 시간 전에 사망했습니다."
누군가가 말하는 소리가 들렸다.
나는 일어나 앉아서 말했다.
"저는 아직 죽지 않았어요."
주치의가 비명을 질렀다. 다른 사람도 놀라서 호들갑을 떨었다. 나는 분명 8시간 넘게 죽어 있었다. 그리고 그들은 나를 시체보관실로 옮기던 중이었다. 나는 내 뼈들이 원상태로 붙는 것을 느낄 수 있었다. 침대 위에 앉아 있는 동안에 상처들이 치유되는 것을 느낄 수 있었다. 나는 숨을 쉬었고, 그들에게 말을 했다.

그때는 1974년 10월 17일이었다. 나는 내가 목회하고 있던 오클라호마 발틀스빌에 있는 교회로 가던 중이었다. 그 시절, 하

하나님께서는 복종과 즉각적인 순종의 개념에 관해서 나에게 말씀하고 계셨다. 나는 야생마가 길들여지듯이 하나님 앞에서 철저히 낮아졌다. 나는 순종적인 사람이 되는 것에 관해서 하나님과 의논했다. 하나님께서는 어떤 사람에게 경고의 말을 전하라고 나에게 말씀하셨다. 하지만 나는 그렇게 하기를 원치 않았다. 나는 자동차를 운전하여 그 사람을 만나러 갔지만 그를 만나는 것을 계속 피했고, 결국 아무 말 하지 않고 돌아왔다. 그 외에도 내 인생에는 다른 여러 가지 문제들이 있었다. 나는 애리조나에서 아내와 불화를 겪고 있었다. 심각한 불화였다.

내가 운전하던 자동차는 고급스럽고 값비싼 밴(van)이었다. 그것은 1970년대에 유행하던 것으로서 천장에 텔레비전이 장착된 큰 자동차였다. 돌연, 나는 나 자신이 예고 없이 빽빽한 구름 휘장 속에 있는 것을 발견했다. 그때에는 인식하지 못했지만, 치명적인 자동차사고를 당했던 것이다.

Chapter 1.
"너는 하나님과 약속이 되어 있노라"

"그러나 너희가 이른 곳은 시온 산과
살아 계신 하나님의 도성인 하늘의 예루살렘과
천만 천사와 하늘에 기록된 장자들의 모임과
교회와 만민의 심판자이신 하나님과 및 온전하게 된 의인의 영들과
새 언약의 중보자이신 예수와 및 아벨의 피보다
더 나은 것을 말하는 뿌린 피니라"

(히12:22-24)

영광의 구름 속으로 끌려 들어가다
천국의 영접장소
나를 위해 예비된 길

자동차를 운전하면서 도로 위를 달리고 있었다. 그런데 갑자기 나는 휘장 안에 있는 나 자신을 발견했다. 휘장은 마치 빽빽한 구름 같았다. 그곳에는 금색과 자주색과 황색과 밝은 빛이 있었다. 그 구름은 소리가 통과할 때마다 진동했다. 나도 그 구름을 통과하고 있었다.

나는 사람들이 내 뒤에서 말하는 소리를 들을 수 있었다. 그들은 내 바로 뒤에 있었다. 사이렌 소리가 들렸다. 많은 소음이 들렸다. 그리고 "이 사람은 죽었어요."라고 외치는 사람들의 소리를 들었다.

영광의 구름 속으로 끌려 들어가다

어떤 힘이 나를 영광의 구름 속으로 끌고 들어갔다. 구름의 반대편으로부터 흘러오는 사람들의 노랫소리를 들을 수 있었다. 그곳에서 크게 기뻐하는 웃음소리가 들려왔고, 나는 완전한 평안을 느꼈다.

나는 딸기와 크림 같은 향기를 맡았고 맛을 느꼈다. 몇 분이 지난 후, 나는 구름 속에서 움직였고, 구름은 나를 관통하고 있었다. 후에 나는 영접장소로 보이는 곳이 있는 오른편으로 몸을 돌렸다.

천국의 영접장소

가족들과의 재회

나는 몇 미터 떨어진 곳에 여자 두 사람이 서 있는 것을 볼 수 있었다. 나는 그들이 매우 나이가 많은 것을 알았지만, 그들의 외모는 20대 중반으로 보였고, 아름다웠다. 그들은 서로를 껴안 았으며, 매우 기뻐하는 듯했다. 그리고 그들은 휘장 너머를 바라보고 있었다.

"그가 오고 있어요. 그가 오는 모습이 보여요. 그가 오고 있어요. 여기에 오고 있어요."

한 남자가 돌연 휘장 안으로 들어왔다. 그는 그 순간 매우 혼란스러운 듯했다. 그는 자신이 어디에 와 있는지 몰랐다. 그는 그 여자들을 보았고, 그들이 누구인지 알아보았다. 그들은 서로 껴안으면서 하나님께 찬양과 경배를 드렸다. 그것은 기쁨의 재회였다.

목사와 교인들의 재회

오른편에 약 35명의 사람이 있는 것이 보였다. 그들도 하나님께 경배하고 있었다. 많은 사람이 선 채로 두 손을 들고서 하나님을 찬양하고 있었다. 어떤 사람들은 서로 껴안으면서 "그가 여기에 오고 있어요. 그가 오는 모습이 보여요."라고 말했다.

그들은 방금 숨을 거둔 자신들의 목사를 기다리고 있었음이 분명했다. 그가 돌연 휘장 안으로 들어왔다. 그가 처음 모습을 보였을 때, 그는 매우 늙은 남자로 보였다. 하지만 그의 모습은 돌연 천사처럼 보였으며, 그 얼굴에 새겨진 나이의 흔적은 사라졌으며, 꼬부라진 작은 몸이 반듯하게 펴졌다. 이 매우 늙은 목사는 이제 20대 중반의 나이로 보였다. 다시 젊어진 것이었다.

그는 어리둥절하여 거기에 그냥 서 있었다. 하지만 얼마 지나지 않아서 그 자신이 천국에 들어와 있다는 것을 깨닫고서 기뻐하기 시작했다. 그는 "예수님을 만나고 싶어요. 예수님께서는 어디에 계신 것이죠? 나는 주님을 만나고 싶다고요."라고 말했다. 사람들은 그를 껴안으면서 그와 더불어 기뻐했다.

"오, 형제님이시군요. 오, 자매님이시군요."

그는 그들의 이름을 부르면서 말을 걸었다. 그리고는 다시금 예수님을 찾았다.

"예수님을 만나고 싶어요."

어떤 사람이 그에게 말했다.

"오, 예수님은 이 길로 조금 더 가면 만날 수 있어요. 곧 예수님을 만나게 될 거예요. 예수님은 항상, 그곳에, 정확한 시간에 오시거든요."

엄마와 아기의 재회

나의 시선은 약 35명의 사람이 모여 있던 곳으로 옮겨졌다. 그들은 휘장 앞에 서서 어떤 특별한 사람이 나타나기를 기다리고 있었다. 나는 그곳에 모여 있던 모든 사람이 기쁘고 즐거워하는 마음으로 기다리고 있었다고 말할 수 있다. 그곳에 모여 있던 사람들은 지구의 시간으로 매우 오래 전에 사망한 사람들이었음이 분명했다. 하지만 천국에서는 그들이 어제 사망한 것과 다르지 않았다. 이 특별한 사람의 자녀들과 언니와 남편은 천국에 들어온 후로 그녀를 기다리고 있었다.

"저기 오고 있어요."

누군가가 말했다.

그들 중 하나는 아기를 안고 있었다. 아기는 말을 완벽하게 할 수 있었고, 주변을 완전하게 인식할 수 있었다. 아기는 높고 작은 목소리로 "엄마! 엄마! 저기에 엄마가 있어요."라고 소리쳤다. "예수님은 제가 아기의 모습으로 머물러 있어도 된다는 것과 엄마가 나를 천국에서 양육할 수 있다고 말씀하셨어요."

하나님의 사랑은 정말로 위대하다!

그때 늙고 주름 많고 매우 약한 여자가 휘장 안으로 들어왔다. 그녀가 천국에 들어오자마자, 약하고 구부정한 몸이 딱 소리를 내면서 완전하게 곧게 되었다. 그녀는 돌연 다시금 빛나고 깨끗한 영광의 옷을 입은 아름답고 젊은 여자가 되었다.

작은 아기가 그녀의 두 팔로 날아가서 안기자 모든 사람이 기쁨의 환성을 질렀다. 그들은 분만 시에 사별했다. 여자는 나치 강제수용소에서 살아남았지만, 아기는 살아남지 못했다.

하지만 하나님께서는 무한한 자비 안에서 그들이 아무것도 잃지 않았음을 보셨다. 하나님의 사랑은 매우 위대하여 그 전부를 알 수 있는 사람이 없다. 그 사랑은 진실로 인간의 노력으로 헤아릴 수 있는 것이 아니다. 오로지 영원만이 그 사랑을 말해줄 것이다. 나는 그들의 재회를 구경하는 사람이었을 뿐이었지만, 뜨거운 눈물이 내 두 뺨으로 흘러내렸다. 나는 그들의 기쁨을 느꼈고, 지금도 그들의 재회로 인하여 기뻐한다.

사람들과 천사들의 인사를 받다

내가 이해하기에는, 다른 사람들의 인사를 받지 않은 채로 천국으로 들어가는 경우는 없다(물론 인류 역사에 처음으로 죽어서 천국에 들어간 아벨은 제외다). 그리고 나는 사람들뿐만 아니라 천사들도 그 목사에게 인사하는 것을 보았다. 또한, 다른 천사들은 천국에 들어온 다른 사람들에게 인사했다. 사람들은 천국의 휘장 안으로 계속 들어왔고, 그들이 들어올 때에 천사들이 그들을 영접했다.

당신이 천국에서 휘장을 볼 수 있다는 것에는 의심의 여지가 없다. 하지만 지구에서는 천국의 휘장 너머를 볼 수 없다. 환언하자면, 당신이 이 세상에 살아있는 동안에는 천국의 휘장 안을 볼 수 없다는 것이다. 당신이 천국에 있게 되면 누가 천국에 들어오고 있는지를 알 수 있다. 천국에 있는 사람들은 지인 중 하나가 천국에 들어오게 되면 자신들이 언제 영접장소로 와야 할지를 알고 있다.

후에 나는 천국에 안내 센터들이 있다는 것과 사람들은 안내 센터들로부터 자기 가족들이 천국에 도착하는 시간을 통고 받는다는 것을 알게 되었다. 나는 다른 장에서 이 안내 센터들에 관해서 조금 더 설명할 것이다.

나를 위해 예비된 길

천국의 휘장은 좌우로 길게 뻗어 있었다. 휘장은 양방향으로 수백 킬로미터 뻗어 있는 것 같았다. 그리고 몇 미터마다 천국으로 들어가도록 인도해주는 길이 있었다. 휘장을 통과하여 들어온 각 사람에게는 자기를 위해 예비된 유일무이한 길이 있었다. 그곳에는 나를 위해 예비된 길이 있었다.

후에 내 뒤에서 "너는 하나님과 약속이 되어 있노라."는 음성이 들려왔다. 나는 익숙한 감동을 느꼈다. 비록 내가 내 뒤에 있던 분을 볼 수는 없었지만, 나는 그분이 주 예수님이었다고 믿는다. 그 음성이 예수님의 음성이라는 것을 알게 된 것이다.

Chapter 2.
"너는 이 길로 가야 하느니라"

"자기 이름을 위하여
의의 길로 인도하시는도다"
(시23:3)

황금길과 정원
천국의 나무

나는 천국이라고 불리는 곳에 있었다! 천국은 경이롭고 놀라운 곳이었다.

나는 황금길 위에 서 있었다.

"너는 이 길로 가야 하느니라."

온유하면서도 확고한 그 음성은 내가 그 길로 행해야 한다는 것을 명확히 지시하셨다. 그 음성은 나에게 예수님의 음성으로 들렸기 때문에 나는 아무 대꾸도 하지 않았다.

내가 그 길로 행하는 동안에 적어도 두 천사가 항상 내 곁에서 동행했다. 한 천사는 오른편에, 다른 천사는 왼편에서 동행했다. 오른편에 있던 천사는 천국에 대한 설명을 담당하는 듯했다. 왼편에 있던 천사는 내가 하나님과 약속이 있다고 자주 상기하는 것 외에는 말을 그리 많이 하지 않았다.

나는 그가 나의 수호천사였다고 믿는다. 우리 모두에게는 수호천사들이 있는데, 수호천사들은 우리가 태어날 때 우리를 수호하기 위해서 보내심을 받은 천사들이다. 이 두 천사는 각각 다른 사역을 담당했으나 서로 완전한 조화를 이루어 일했다.

황금길과 정원

황금길을 따라 가는 것은 여행 안내자의 안내를 받는 것과 같았다. 황금길은 내가 가는 특정한 방향으로 나를 인도해주었으며, 내가 하나님과 만나기 전에 보아야 할 것들에게로 나를 인도했다.

황금길은 약 2미터 넓이였고 두꺼웠다. 나는 황금길 양편으로 끝없이 펼쳐진 정원을 따라 걸어가고 있었다. 그때 나는 큰 무리의 사람들을 보았다. 황금길의 양편은 내가 보았던 잔디 중에서 가장 푸른 잔디로 덮여 있었다. 잔디는 생명과 에너지가 충만하여 움직이고 있었다. 만약 내가 잔디 잎을 하나 딴 다음에 다시 붙인다 해도, 나는 잔디 잎이 계속 자랄 것이라는 점을 초자연적으로 알게 되었다.

천국에는 죽음이 없다. 풀잎 하나에도 죽음이 없다. 천국에는 죽는 것이 불가능하다. 왜냐하면, 천국은 영원한 생명의 장소이기 때문이다. 천국은 하나님의 생명이 모든 것을 유지하는 장소이다. 하나님 자신이 우리의 생명이시다. 그분은 영원하시다. 그분은 시작이 없으시고, 끝도 있을 수 없으시다.

"죄의 삯은 사망이요 하나님의 은사는 그리스도 예수 우리 주 안에 있는 영생이니라"(롬6:23)

"우리가 그를 힘입어 살며 기동하며 존재하느니라"(행 17:28)

황금길 양편에는 우리가 상상할 수 있는 모든 크기와 색상의 꽃들이 있었다. 그곳에는 꽃들이 층을 이루고 있었다. 어떤 꽃은 저녁식사 테이블 위에 올려지는 플라워 베이스 크기였다! 약 1.2미터 떨어진 곳에는 장미들이 있었는데, 지구에서는 20킬로그램 정도의 무게가 나갈 것 같았다. 내가 황금길을 걸을 때에 꽃들이 나를 향했다. 공기는 향기로 가득했고, 모든 꽃은 아름다운 소리를 내며 노래했다. 나는 향기를 맡기 위해 꽃 한 송이를 꺾어도 되는지를 천사들에게 물었고, 천사들은 나에게 그렇게 하라고 대답했다. 나는 꽃 한 송이를 꺾었다. 꽃 향기는 경이로웠다. 내가 꽃을 다시 제자리에 갖다 대자, 그것은 즉시 붙어서 다시 자라기 시작했다. 다시 말하지만, 천국에는 죽음이 없다.

황금길을 따라 걷는 동안에 하늘을 보았다. 하늘은 핑크색을 띠고 있었으며, 또한 수정처럼 맑은 파란색이기도 했다. 하늘에는 구름들이 있었다. 그것들은 영광의 구름들이었다. 내가 그 구름들을 더 가까이 보았을 때, 나는 그것들이 사실 수만의 천사들과 수만의 사람들이 무리를 지어서 걷고 노래하는 것임을 알았다. 그들은 하늘에서 산책을 하던 중이었다.

천국에는 당신이 앉아서 다른 사람들과 이야기할 수 있는 긴 의자들이 놓인 공원이 있다. 긴 의자들은 어디에나 있다. 그것들은 견고한 황금 같은 재료로 만들어졌다. 그것들은 지구의 잔디밭에 설치된 철제 가구의 모형을 생각나게 했다. 사람들은 긴 의자에 앉아서 이야기하고 하나님을 찬양했다. 그들은 천국의 휘장 안으로 방금 들어온 사람들과 그곳에 앉아서 이야기하는 경이로운 시간을 가졌다. 다른 사람들은 무리를 지어서 자신들의 가족들이 휘장 안으로 들어오는 것을 기다리고 있었다.

그곳에 있던 모든 사람은 사랑하는 가족들이 천국에 들어오면 만나기 위해 준비하고 있었다. 천사는 "그가 자기 집을 보게 되면 '하나님께 영광 돌립니다!' 라고 소리칠 것이오."라고 말했다.

그때, 나는 하나님께서 천국의 다른 장소들을 나에게 보여주시려 한다고 생각했다.

천국의 나무

아름답게 손질된 공원은 크고 멋있는 나무들로 가득했다. 그것들은 적어도 600미터의 크기였다. 그곳에는 매우 다양한 나무들이 있었다. 어떤 나무들은 내가 아는 것들이었고, 어떤 나무들은 한 번도 본 적이 없는 것들이었다. 하지만 그것들은 크고 강했으며, 마른 가지나 줄기가 없었다. 심지어 마른 잎사귀도 없었다. 나무들에 붙어있던 잎사귀 중에는 마치 거대한 다이아몬드 같은 모양의 잎사귀들도 있었다.

내 시선을 끌었던 한 나무는 수정처럼 맑고 거대했다. 내가 보기에는 수십 킬로미터나 뻗어 있는 듯했다. 나는 그것이 빛나는 왕관나무라는 말을 들었다. 왕관나무의 각 잎사귀는 투명한 샹들리에처럼 물방울 모양이었다. 그리고 잎사귀들이 미풍에 의해 서로 스침에 따라 끊임없이 차임벨 소리를 냈다. 그 소리는 수정이 부딪히는 것처럼 아름다운 소리였다. 내가 잎사귀들을 만지자, 잎사귀들에서 소리가 나면서 반짝였다. 이 외에 더 있다. 그 나무 전체에 붙어 있는 각각의 잎사귀는 마치 영광의 구름이 모든 색깔의 빛을 냈던 것처럼 엄청난 빛을 냈다. 그 나무는 소리와 빛을 내면서 반짝였다. 또한, 영광으로 불타올랐다. 불꽃은 뿌리로부터 시작하여 모든 가지로 올라가서 샹들리에와 같은 잎사귀들에까지 번져갔다. 그 나무는 영광의 구름 속에서 아름다운 빛을 발했으며, 믿지 못할 만큼 아름다운 소리를 냈다.

빛나는 왕관나무는 영광스러웠다. 왕관나무의 밑에는 수만 명의 사람이 경배하고 있는 것처럼 보였다. 그들은 왕관나무를 경배하는 것이 아니라 오직 하나님께 경배하는 것이었다.

내가 하나님의 보좌에 더 가까이 갈수록, 그 길은 더 많은 나무를 볼 수 있는 곳으로 나를 인도했다. 빛나는 왕관나무들은 모두 영광스러웠다.

나는 호두나무로 보이는 나무로 갔다. 천사는 나에게 그 나무의 열매를 따서 먹으라고 말했다. 그 열매는 배처럼 생겼으며, 구릿빛이 났다. 내가 그것을 땄을 때, 다른 열매가 즉시 그 자리에서 자라났다. 내가 그 열매를 입술에 대었을 때에 그것은 내가 맛보았던 열매 중에서 가장 맛있는 주스가 되었다. 그것은 마치 꿀과 복숭아 주스와 배 주스와 같았다. 달았지만, 설탕 맛은 아니었다. 내 얼굴은 그 열매에서 나온 주스로 가득했다. 하지만 그 어느 것도 천국에 있는 사람을 더럽게 하지는 못한다.

아름답고 달콤한 열매의 주스가 내 목을 타고 흘러 들어가자마자 꿀처럼 되었다. 내 얼굴은 아름답고 경이로운 액체로 변한 그 열매의 주스로 덮였다. 그것은 놀라운 경험이었으며, 거의 항상 그 맛있는 주스를 맛볼 수 있었다.

천국에는 잎사귀들이 하트(heart) 모양인 나무들이 있었다. 그

나무들은 아름다운 향기를 뿜어냈다. 나는 잎사귀를 따서 향기를 맡으라는 음성을 들었고, 실제로 잎사귀를 따서 향기를 맡아 보았다. 그러자 그 음성은 그 향기가 나에게 힘을 줄 것이라고 말했다. 아름다운 향기를 맡는 순간, 나에게는 새로운 힘이 생겼다.

후에 나는 예수님을 보고자 하는 간절한 마음이 들었다. 그래서 "제발 예수님을 볼 수 있도록 해주세요."라고 말했다.

Chapter 3.
어린양의 생명책

"이기는 자는 이와 같이 흰 옷을 입을 것이요
내가 그 이름을 생명책에서 결코 지우지 아니하고
그 이름을 내 아버지 앞과 그의 천사들 앞에서 시인하리라"

(계3:5)

"저 책들을 보시오"
불의 혀가 있는 성문
수정같이 맑은 호수
예수님은 어디에나 계시는 듯했다

나와 동행하던 천사가 나에게 손짓하며 말했다.

"저 성벽을 보시오."

그 성벽은 높았고, 마치 1킬로미터나 이어진 듯했다. 돌연, 나는 그 성벽 앞으로 이끌려 갔다. (천국에서의 여행은 생각의 속도와 비슷한 것 같았다.)

"저 책들을 보시오"

그리고 그 천사는 "저 책들을 보시오."라고 말했다.

왼편을 보니 책 한 권이 거대한 화가(畵架, easel) 기능을 하는 황금 기둥들 위에 놓여 있었다. 그 책은 1.6킬로미터 정도의 높이에 1킬로미터 정도의 넓이였다. 정말 거대했다. 천사들은 그 책을 넘겼다.

오른편에는 다른 책이 있었다. 그 책은 어린양의 생명책이었다. 천사들은 그 책을 폈고, 나는 펼쳐진 페이지에 무엇이 기록되어 있는지 볼 수 있도록 위로 올려졌다. 그 페이지에는 내 이름이 3인치 크기의 황금색 글자로 기록되어 있었으며, 빨간색 밑줄이 그어져 있었다.

"시그문드 가의 리처드: 하나님의 종"

내 이름 옆에는 나의 출생일과 회심일이 기록되어 있었다. 내 이름의 빨간색 밑줄은 그리스도가 흘리신 보혈이었다.

"무엇이든지 속된 것이나 가증한 일 또는 거짓말하는 자는

결코 그리로 들어가지 못하되 오직 어린 양의 생명책에 기록된 자들만 들어가리라"(계21:27)

나는 성벽으로 올라가서 각양 귀한 보물들, 즉 벽옥과 붉은 줄무늬가 있는 마노(瑪瑙)와 다이아몬드와 황금색 에메랄드와 혈석 다이아몬드가 가득한 것을 보았다. 성벽은 여러 가지 광석 재료들로 만들어졌으며, 감동적이었다. 내가 성벽을 만졌을 때, 성벽은 내 손가락들을 쓰다듬었다.

불의 혀가 있는 성문

후에 나는 성문들로 가까이 가라는 말씀을 들었다. 성문들은 거대했다. 그것들은 40킬로미터 정도의 높이였다. 그리고 성문마다 성부와 성자와 성령을 상징하는 세 개의 불의 혀들이 있었다. 성문들은 금으로 만들어졌으며, 꼭대기가 구부러진 철로 세공된 모양과 비슷했으며, 수직의 스트링거들(stringers, 세로 보)이 있었고, 스트링거들 사이에 섬새김 세공이 되어 있었다. 황금은 하나님의 큰 자비를 상징했다. 수천의 길들이 그 문들로 이어져 있었다.

수정같이 맑은 호수

내가 가던 길 끝에서 만난 그 문 안에는 아름다운 주택(맨션)

이 많이 있었다. 주택들의 2층과 3층, 심지어는 4층에도 베란다가 많이 있었다. 사람들은 자신들의 주택 베란다에서 가끔 거닐다가 손쉽게 날아서 마당으로 내려오거나 공중에 그냥 떠 있었다. 그들은 자신들이 원하는 대로 마당으로 내려오든지 공중에 떠 있든지 할 수 있었다. 천국에서는 물리학의 법칙이 적용되지 않는 듯했다.

나는 작은 호수로 인도받았다. 나는 사람들이 물 위에 있거나 물속에서 다니는 것을 보았다. 호수에는 파도가 없었으며, 물은 수정같이 맑고 아름다웠다. 물은 심지어 지구의 공기보다 더 맑은 듯했다. 호수는 바닥이 없어 보였으며, 물밑에서 빛이 올라왔다.

나는 물밑에서 무슨 일이 일어나고 있었는지 모르지만, 그것은 영광스러운 풍경이었다. 물밑에 영광의 흙이 있었을까? 빛나는 보석들이 있었을까? 이에 관해서 아는 것이 없다. 그러나 그 물은 살아 있었다.

나는 물속으로 들어가지 않았다. 하지만 손을 물에 담그기는 했다. 물에는 느낌이 있었으며, 석조 성벽처럼 내 손을 어루만졌다. 비록 물 온도가 실내 온도 정도 되었지만, 그 느낌은 마치 손을 차가운 음료수에 넣는 것처럼 상쾌했다. 정말 영광스러운 경험이었다.

사람들은 두려움 없이 물로 다가왔다. 나는 수백만 명의 사람이 물속에서 손을 잡고 걸어 다니거나 헤엄치는 것을 보았다. 그들은 수정같이 맑은 물 아래에서 숨을 쉴 수 있었다. 그들이 물

밖으로 나오자마자 몸과 옷이 금세 말랐다.

천국에는 사망이 없으므로 사람들은 물속에서도 죽을 수 없다. 어린 아이들은 물에 가라앉는 두려움 없이 물속에서 놀 수 있다. 물속에는 위험한 벌레들이나 뱀들이 없다. 천국에 있는 것 중에는 당신에게 해를 입힐 수 있는 것이 하나도 없다.

후에 하나님의 보좌 앞에 섰을 때, 나는 천국에 4개의 강이 있다는 것을 알게 되었다. 이 호수는 그 4개의 강 중 하나에서 흐르는 물이 모인 곳이었으며, 그 강은 수백 미터 넓이였고 어떤 곳은 매우 깊고 어떤 곳은 얕았다. 그 강이 보좌로부터 흘러나오면, 물이 증가하기 시작한다.

예수님은 어디에나 계시는 듯했다

황금길은 전방에 있던 건물들로 이어져 있었다. 돌연 나는 그곳에 가 있었다. 황금길은 맑은 물질로 만들어진 대로로 이어졌다. 대로는 황금이 섞인 보석 같았다. 이 대로는 도시 안에 있는 주요 대로처럼 보였다. 나는 곧 사람들이 모여 있던 곳으로 옮겨졌다. 나는 내가 천국의 풍경을 보면서 경탄하는 모습을 그들이 보고 있음을 알았다.

나는 길을 따라서 조금 더 가면 예수님을 뵐 수 있었다. 예수님께서는 사람들과 이야기를 나누셨으며, 그들을 사랑하시며 안아주셨다. 그들은 사랑과 경배의 표현으로 예수님을 바라보았으며, 나는 그분의 발 앞에 엎드리고자 그곳에 빨리 가고 싶었다.

하지만 천사는 "이 길을 따라 조금 더 가야 하오. 당신은 하나님과 약속이 되어 있고, 주님과 만나게 될 것이오."라고 말했다. 내 속에서 주님을 만나고자 하는 기대가 끓어올랐다. 나는 예수님과 함께 있기를 원했다. 그러나 나는 기다려야 한다는 것을 알았다.

천국에는 모든 사람이 순서를 따라서 예수님을 직접 만나게 된다. 그러므로 아무도 이것에 관해서 걱정하지 않는다. 그들은 주님을 만날 생각으로 몹시 기뻐하지만, 다른 사람들이 주님을 만나야 하는 순서를 존중한다. 누구도 다른 사람을 앞질러서 주님을 만나려고 밀치락달치락하지 않는다. 나는 내 순서가 곧 올 것을 알았기 때문에 깊은 평안을 느꼈다. 예수님을 개인적으로 만나는 순간은 영원 안에서 가장 영광스러운 순간이 될 것이다. 나는 예수님을 뵙고 대화하게 될 다른 사람들과 합류하게 될 것이었다.

그러나 내가 예수님을 전방에서 뵐 수 있기는 했지만, 그분께서 내 뒤에 계시지 않는다고 말할 수는 없었다. 주님께서는 빛의 속도처럼 빠르게 움직이셨다. 예수님은 한 분이시지만, 동시에 어느 곳에나 계신다. 나는 오로지 주님과 함께 있기만을 원했을 뿐이다.

Chapter 4.
천국의 아이들

"예수께서 이르시되
어린 아이들을 용납하고
내게 오는 것을 금하지 말라
천국이 이런 사람의 것이니라 하시고"
(마19:14)

아이들의 특별한 능력
천국에서 양육되다

사망한 아이 중에 영원히 사라진 아이는 없다. 아이들은 예수님과 함께 있으며, 예수님 앞에서 즐거워하고 있다. 나는 예수님께서 아이들에게 다가가시는 모습을 많이 보았다. 주님께서는 아이들을 안으시고 이야기하셨다. 주님께서는 아이들이 함께 있는 것으로 인해 매우 기뻐하셨다.

아름다운 금발을 가진 여덟 살 정도 된 여자아이 하나가 나에게 다가왔다. 아이는 나를 알았고, 나도 아이를 알아보았다. 나는 아이가 암으로 사망했던 것을 기억했다. 나는 아이가 천국의 특사 같은 일을 했던 것으로 생각하는데, 이는 아이가 사람들이 모여 있던 장소마다 다니면서 영광스러운 노래들을 불렀기 때문이다.

"리처드 목사님, 제가 무슨 일을 할 수 있는지 보고 싶지 않으세요?" 아이가 물었다.

아이는 아름다운 머리를 헝클어뜨리기 시작했다(아이가 암 투병을 할 때에는 머리가 다 빠졌었음). 소녀가 머리를 헝클어뜨리는 것을 멈추자, 머리가 즉시 원상태로 돌아가서 완전하게 되었다. 천국에는 "헝클어진 머리의 날들"(역주: 원문은 "bad hair days"이며, 이 관용구는 "만사가 잘 안 풀리는 날들"로 쓰이지만, 여기에서는 직역했음)이 없다!

아이들의 특별한 능력

아이가 또 말했다.

"리처드 목사님, 제가 부르는 노래를 들어보지 않을래요?"

아이는 당신이 상상할 수 있는 가장 아름답고 강력한 소프라노 목소리로 노래하기 시작했다. 천국의 특사가 노래하자 천국의 합창단이 함께 불렀다. 아이의 노래는 내가 들어보았던 노래 중에서 가장 아름다운 노래였다. 아이의 재능은 나이에 비하여 출중한 것이었다.

아이는 내가 보았던 유일한 아이는 아니었다. 천국의 아이들은 이 땅에 있는 어떤 어른보다도 훨씬 위대한 재능들을 가지고 있었다. 만약 당신이 이 땅에서 노래를 잘 부르는 사람이라면, 천국에서는 그것보다 수백만 배 더 잘 부를 수 있을 것이다. 이 아이의 노래 실력은 내가 지구에서 들어보았던 어떤 사람의 것과 비교할 수 없을 만큼 뛰어났다.

천국의 한 장소에서 한 남자 아이를 보았는데, 아이는 양방향으로 30미터씩 뻗어있는 피아노 앞에 앉아 있었다. 그것은 마치 그랜드피아노와 같은 모양이었다. 가운데에는 하프 하나가 수직으로 서 있었다. 아이는 피아노를 연주하지는 않았지만, 그 앞에 앉아 있었고, 그 장소는 안마당처럼 열린 공간이었고, 그 옆에는 주택이 여러 채 있었다. 후에 아이는 가장 아름다운 음악을 연주했다. 그 음악은 바흐(Bach)와 브람스(Brahms)와 베토벤(Beethoven)의 것과 약간 비슷했다. 그러나 나는 당신에게 그것이 어떤 노래인지 말할 수가 없다. 내가 천국에서 지구로 돌아올 때에 그 곡조를 천국에 두고 왔기 때문이다.

천국에는 음악이 있었다. 그 음악에 가사가 붙어 있었고, 사람들은 연주에 맞추어 노래했다. 그 아이가 피아노를 연주하는 동안에 천사들은 곁에 서서 지켜보고 있었다. 어떤 천사들은 두 팔을 들고서 하나님을 경배했다. 아이가 연주했던 노래의 가사는 천국 전체로 울려 퍼지고 있었다. 합창단이 함께 노래했다. 놀라웠다. 영광스러웠다. 아이는 합창단을 이끌었다.

"어떻게 이런 일이?"

내가 물었다.

"당신이 이곳에 있기 때문에 저들이 저 노래를 연주하는 것이오. 저들은 아이들이 지구에서는 배울 수 없는 것들을 천국에서는 배울 수 있다는 것을 당신이 알기를 원하고 있소."

천사 중의 하나가 나에게 대답했다.

"저 작은 아이를 보시오."

천사가 말했다.

내가 그 아이를 보았을 때에 나는 그 아이가 7살이나 8살 이상 되지는 않았다는 것을 깨달았다. 아이는 내가 서 있던 방향으로 고개를 돌리더니 나를 바라보면서 미소를 지었고, 왼손으로 피아노를 치는 중에 오른손을 들고 흔들었다. 그리고 아이는 연주를 멈추었다. 피아노와 하프가 멈추었다. 사람들도 멈추었다. 모든 사람이 미소를 지으면서 주님을 찬양하기 시작했다. 노래는 끝났지만, 나는 그 노래가 여전히 울리는 것을 들을 수 있었다. 아이는 "저는 원하는 것은 뭐든지 연주할 수 있어요."라고 말했다.

천국에는 아름다운 어린이 합창단이 있다. 다시 말하지만, 천국에 있는 아이들이 노래하고 연주하는 재능들은 지구에 있는 여느 아이들이 노래하고 연주하는 재능들보다 훨씬 뛰어나다. 모든 아이가 노래를 부를 수 있었다. 나는 하나님께서 아이들이 태어날 때에 주신 재능들과 능력들이 천국에서는 수백만 배나 증가한다는 말을 천사들에게서 들었다.

나는 5살 정도된 아이가 이젤(easel) 앞에 앉아서 시골풍경을 그리는 것을 보았다. 아이가 그림 붓에게 어떠한 색을 말하면, 그림 붓은 그 색으로 바뀌었다. 예를 들어, 만약 아이가 "아니, 조금 더 어두운 색이 필요해. 저 나무는 더 어두운 색이란 말이야."라고 말하면, 그림 붓은 그 색으로 바뀌었다. 아이가 캔버스에 붓질을 한 번만 하면 나무가 나타났다. 천국에서는 모든 것이 가능하다.

천국에서 양육되다

내가 천국에서 보았던 많은 아이들 중의 몇몇은 신생아처럼 보였다. 그 아기들은 마치 내가 천국의 휘장 안으로 들어오자마자 보았던, 엄마와 재회하던 아기처럼 분만 시나 태어난 지 얼마 안 되어서 죽었던 것 같았다. 천국의 아기들은 말하는 능력이 있었고, 완전하게 반응했다. 아기들은 내가 말하는 것을 알고 이해하고서 대답할 수 있었다. 아기들이 말하고 이해하는 것을 보는 것은 가장 놀라운 일이었다.

아기방

나는 천국에서 많은 아기를 보았다. 아기들은 천사들이나 다른 사람들에 의해서 돌봄을 받았다. 나는 천국에 있는 아기방을 보았는데, 그곳에는 비슷한 나이의 수백만 아기들이 있었다. 아기들은 천사들이나 친척들이나 다른 사람들에 의해서 돌봄을 받았다. 놀랍게도, 아기들은 엄청나게 빠른 속도로 성장했으며, 아기 상태로 그리 오래 머물러 있지는 않았다.

때로 나는 작은 무리의 아이들을 보았고, 다른 때에는 큰 무리의 아이들을 보았다. 모든 아이들은 매우 행복해했다. 아이들의 머리와 옷은 온전했다. 어떤 아이들은 운동복을 입고 있었고, 어떤 아이들은 원피스를 입고 있었다.

놀이를 하다

나는 걷고 뛰고 놀기에 충분한 나이의 아이들을 보았다. 아이들은 지구에서 놀았던 것과 비슷하게 놀았다. 아이들이 놀면서 즐거운 시간을 보내는 것은 의무인 것처럼 보였다. 아이들은 아이들로서 완전하게 만족할 수 있는 능력을 가진 듯했다.

우리는 어린 시절에 세상에서 적절한 경험을 하지 못하면, 어른이 되어서 버둥거리게 된다는 것을 알고 있다. 당신은 어린 시절에 상처를 입어서 어른이 되어도 감정적으로 완전히 성숙하지 못할 수도 있다. 그러나 천국에서는 모든 것이 완전하므로 아이들은 완전한 어린 시절을 경험하게 된다. 그리고 아이들은 어디를 가든지 모든 사람에게 환영 받는다. 모든 사람은 아이들을 사랑하고, 아이들도 모든 사람을 사랑한다.

아이들이 하는 놀이 중의 하나는, 아이들이 둘러서서 하는 놀이다. 어떤 때에는 소수가, 어떤 때에는 다수가 참여했다. 그중 한 아이가 선택되었고, 그 아이는 공중, 곧 원의 중앙 위로 떠올랐다. 다른 아이가 떠오르는 아이를 조금 밀어주니, 떠오르는 아이는 공중에서 왔다 갔다 하기 시작했다. 모든 아이는 크게 즐거워하며 웃어댔다. 공중에서 떠다니는 아이도 맘껏 웃었다. 이것은 아이들에게 놀라운 경험이 되는 듯했다. 또한, 나에게도 큰 경험이었다.

아이들이 했던 다른 놀이는 자신들이 얼마나 높이 점프할 수 있는지를 보는 것이었다. 아이들은 공중으로 30미터 또는 60미터를 점프했다가 나비처럼 내려왔다. 이 풍경은 경이로웠다. 나는 어떤 아이도 야구를 하는 것을 보지 못했지만, 아이들이 큰 나무들 위를 기어오르고 뛰어내려서 솜(cotton ball)처럼 사뿐하게 내려오는 것을 보았다. 이 놀이는 아이들에게 엄청나게 재미있는 것이었다. 어떤 아이도 다치지 않았다. 천국에는 위험스러운 것이 하나도 없기 때문이었다.

나는 아이들이 바닷가와 호숫가에서 노는 것을 보았다. 천국에는 호수가 많다. 하지만 위험은 없다. 아이들에게 어떠한 해도 입혀질 수 없다. 아이들은 물속과 물 위에서 놀았다. 아이들은 물에서 헤엄치거나 호수 모래사장에 앉아 있었다. 아이들은 돌을 가지고 놀거나 해변에 모래성을 만들면서 재미있는 시간을 가졌다. 어린 시절은 참 좋다! 천국에서 양육 받는 것은 정말로 놀라운 일이다!

또한, 나는 주님께서 많은 아이에게 다가오셔서 안아주고 멋진 이야기들을 해주는 것을 보았다. 아이들은 예수님을 사랑했고, 예수님은 아이들을 매우 사랑하셨다.

나는 아이들이 지구에서 병을 앓았던 흔적을 볼 수가 없었다. 물론 아이 중에는 병을 앓은 아이들이 있었을 것이다. 하지만 천국에 들어온 아이들은 작은 천사처럼 얼굴이 밝고 건강했고, 뛰고 장난할 수 있었다.

나는 어느 장소에서 아이들이 뜀박질 경주를 하는 것을 보았다. 아이들은 지구의 말이 달릴 수 있는 속도보다 빠르게 달렸다. 놀라웠다. 다른 장소에서는 아이들이 말을 타는 것을 보았다. 말들은 아이들을 태우는 것을 좋아했고, 생각하는 능력과 말하는 능력이 있었다. 이 또한 놀라운 경험이었다.

나는 아이들이 숨바꼭질 같은 놀이를 하는 것을 보았다. 한 아이가 뛰어가서 숨으면 다른 아이들이 그 아이를 찾아 다녔다. 정말 아름다운 풍경이었다.

학교에 가다

나는 아이들이 성장하여 지구에 있는 아이들처럼 학교에 다니기 시작하는 것을 보았다. 학교들은 경이로웠다. 나는 학교에서 무엇을 가르치는지 알고 싶었지만 허락되지 않았다.

천국에 있는 아이는 최고 지능을 가진 지구 아이의 수준보다 훨씬 높은 지능을 가지고 있다. 천국의 아이들은 지구의 천재들이 알거나 이해할 수 없는 것들을 배운다.

　나는 그것에 관해서 집중적으로 생각했지만, 이를 표현할 방법은 없다. 당신이 이것을 믿기에는 어려움이 있을 수 있다. 하지만 이것은 내가 당신에게 분명히 증거해야 할 정도로 중요한 것이다.

　나는 천국에 들어온 후에 더 성장한 아이들이 먼 곳에 모여 있는 것을 보았다. 나는 천국에 있는 아이들이 얼마나 성장하는지는 모른다. 그것을 알고 싶었지만, 천사는 나에게 그것을 알려고 하지 말라고 말했다.

　아이들은 영광의 구름처럼 생긴 것을 손으로 잡고서 무엇 무엇이 되라고 말하고 있었다. 예수님께서도 그곳에 계셨고, "이것을 하여라."하고 말씀하시면서 영광의 구름에 입김을 내뿜으셨다. 그 구름은 영광의 폭발을 일으켰고, 참새를 닮은 아름다운 새 두 마리가 구름에서 나와 날아갔다. 그 새들은 새하얀 빛이었다. 그것들은 약 2.5미터 정도 길이에 어른 남자의 키였다. 아이들은 즉시 찬양의 노래를 부르기 시작했다. 마치 천국에 있는 모든 존재가 그 새들을 따라서 노래하는 것 같았다. 이것은 말로 적절하게 표현할 수 없는 많은 사건 중의 하나에 불과하다. 당신은 성령님의 도우심이 없이는 이것을 전적으로 믿을 수가 없을 것이다.

　노래했던 작은 여자아이 외에는 어떤 아이들과도 대화할 수 있도록 내게 허락되지 않았다. 천국에 있던 당시에는 그것에 대한 특정한 이유가 있었지만, 내가 지구로 돌아온 후로는 그 이유가 뭔지 기억나지 않는다.

상냥하고 사랑스러운 아이들

천국에 있는 모든 아이는 매우 상냥하고 사랑스러웠다. 아이들은 서로의 이름을 불렀다. 또한, 아이들은 천사들을 이름으로 불렀다(지금은 천사들의 이름이 하나도 기억나지 않는다). 천국에는 모든 사람이 모든 사람을 알고, 모든 사람이 모든 사람의 이름을 안다. 천국은 당신이 가고 싶어 하는 장소이며, 천국에서 볼 수 있는 가장 아름다운 풍경 중의 하나는 아이들이다.

Chapter 5.
천국의 건축물

"내 아버지 집에 거할 곳이 많도다
그렇지 않으면 너희에게 일렀으리라
내가 너희를 위하여 거처를 예비하러 가노니"

(요14:2)

선교사들의 주택
도둑이 없다
형용할 수 없는 건축양식
수많은 섬광으로 휩싸인 수정성
천국에 있는 우리집
모든 것이 하나님의 보좌로 흘러가고 나오다
태피스트리(Tapestry)
영원한 간증집회
어린양의 혼인잔치

하나님의 보좌로 가는 길에서, 나는 내가 걷고 있던 도로와 연결된 대로를 보았다. 이 대로는 내가 걷고 있던 도로의 오른편으로 갈라져서 다른 대로와 연결된 큰 길이다. 이 대로는 약 75미터 폭에 수 킬로미터나 이어져 있는 것 같았다. 하지만 나는 그 대로의 끝을 선명하게 볼 수 있었다. 사람들은 이 황금빛의 아름답고 투명한 대로들 위를 걷고 있었다. 이 대로들은 큰 다이아몬드나 다이아몬드 같은 광석으로 만들어진 것 같았다.

당신은 이 투명한 다이아몬드 속을 볼 수 있다. 다이아몬드 대로는 금과 은의 층들이 있고, 어느 곳이나 보석들이 박혀 있었다.

선교사들의 주택

이 대로 곁에는 비할 데 없는 주택들이 있었다. 나는 천사로부터 그 주택들이 선교사들을 위한 것이라는 말을 들었다. 선교사들이 드린 모든 것은 주님께 드린 것이다. 나는 우리가 이 땅에서 받지 못하는 모든 상을 하나님께서 천국에서 주실 것이라는 점을 믿는다.

나는 이 주택들에 사는 사람들의 이름들을 알지 못하는데, 이는 내가 그들의 주택 안으로 들어가도록 허락되지 않았기 때문이다. 하지만 확실한 것은 그들 중에는 현대에 사역했던 선교사들이 포함되어 있다는 것이다. 어떤 선교사들은 근래에 죽었는데, 수많은 사람이 휘장 앞에서 그들을 환영하고 있었다. 나는 아름다운 옷을 입고 휘장 안으로 들어온 한 선교사를 보았다. 그가 휘장 안으로 들어와서 했던 것 중의 하나는 자기 옷을 잡고서 "오, 정말 아름답군요. 더는 누더기를 입지 않아도 되었어요."라고 말한 것이었다. 그의 옷은 금실로 만들어졌다. 수천 명의 사람이 그에게 인사했다. 선교사들의 상은 대단히 크다. 하나님께서는 선교하는 사람들을 사랑하신다.

나는 대로에 있던 한 주택으로 인도받았다. 그 주택은 거대한 진주를 깎아 만든 단독 건물이었다. 그 주택은 60-90미터 길이에 30미터 높이로 보였다. 내부에 있는 가구들은 천사들이 진주를 깎아서 모양을 낸 것들이었다. 샹들리에도 진주를 깎아서 만든 것이었다. 샹들리에에는 불이 켜져 있었으며, 내부로부터 빛이 뿜어져 나왔다.

진주로 만들어진 그 주택은 펄(Pearl. 진주)이라는 이름을 가진 여자의 소유였으며, 천사들은 그녀에 대한 이야기를 해주었다. 그녀는 가난한 사람들에게 자기가 먹을 음식을 나누어준 선교사로 알려졌다. 결국, 그녀는 아사(餓死)했다. 진주 주택은 순결한 마음을 가진 사람에게 주어진 상이었다.

그 대로 위에는 다수의 다른 종류의 주택들이 있었다. 이 세상에서는 그런 주택들을 짓는 것을 상상도 못 할 것이지만, 천국에서는 가능하다.

한 대로의 모퉁이를 지나가고 있을 때(한 천사가 내 팔을 붙들고 있었기 때문에 내가 대로 위를 걸었는지 또는 날아다녔는지는 모른다), 나는 다른 선교사에게 속한 특별한 주택을 보고자 잠시 멈춰 서기를 원했다. 천사들과 나는 잠시 멈추었다. 그 주택은 단단한 금으로 만들어진 것처럼 보였지만, 나무도 사용되었다. 그 주택 안에는 수백 명의 사람이 있었다.

그들 모두는 이 선교사가 주님께로 인도한 사람들이었다. 이 선교사에게 있어 그들은 가족이요 삶의 일부였다. 그들은 여전히 그 선교사의 대가족의 일부였으며, 진정으로 기뻐하고 있었다. 그들 가운데 있던 평화와 안식은 믿을 수 없을 정도였다. 내가 그 주택 앞으로 지나갈 때에 그들은 손을 흔들면서 나에게 "리처드 씨, 안녕하세요. 만나서 반갑습니다."라고 말했다. 그들은 나를 알고 있었다. 하지만 나는 그들 중 하나도 알지 못했거나 알고 지냈던 기억이 없었다. 천국에 있는 모든 사람은 매우 상냥하다. 사람들은 자주 길 건너에 있던 나에게 "리처드 씨, 안녕하세요. 어떻게 지내세요?"라고 말했다.

도둑이 없다

대로 위에는 더 큰 건물들도 있었다. 내가 천국에서 보았던 모든 건물에는 문에 자물쇠가 없었으며, 모든 문이 열려 있었다. 그 건물들이 맨션들이든, 작은 주택들이든, 아파트 타입의 건물들이든 상관없이 모든 문이 열려 있었다. 어떤 건물들에는 창이 있었지만 창이 없는 건물들도 많았다. 천국에는 허리케인이 없고, 도둑들도 없다.

"오직 너희를 위하여 보물을 하늘에 쌓아 두라 거기는 좀이 나 동록이 해하지 못하며 도둑이 구멍을 뚫지도 못하고 도둑질도 못하느니라"(마6:20).

당신의 주택에 당신이 머물러 있거나 없거나 모든 사람은 당신의 주택에 언제든지 들어올 수 있다. 그러나 나는 사람들이 그 주택의 주인을 존중하기 때문에 그가 없을 때에 그냥 들어오지는 않을 것이라고 믿는다.

형용할 수 없는 건축양식

나는 내부로부터 빛이 밝게 비치는 주택들을 보았는데, 이 주택들의 건축양식은 매우 아름다웠다. 천국의 건축양식은 거대한 기둥들로 상징되어 있는 듯하다. 모든 주택에 커다란 기둥들이 있는 현관들과 거대한 아치가 있는 입구들이 있었다. 어떤 주택들은 벽돌이나 석재로 만들어진 듯했다. 다른 주택들은 나무 같은 재료로 만들어졌다. 하지만 내 눈에는 못이 사용된 것이 보이지 않았다. 한 조각도 톱질 된 것이 없었다. 그러나 모든 것이 정교하고 완전하게 조립되어 있었다. 이음새는 매우 완벽하여 못이 필요하지 않았다. 마치 주택들이 스스로 만들어져서 모양을 갖춘 것 같았다.

나는 한 주택에 베란다가 있는 것을 보았다. 베란다는 얼룩마노(瑪瑙)로 만들어진 것처럼 보였다. 베란다는 유리처럼 투명했다. 현관에는 보석들과 금과 은과 거대한 다이아몬드들, 즉 우리가 매우 귀하게 취급하는 온갖 것들로 아로새겨져 있었다.

나는 천국에서 큰 성들을 몇 개 보았다. 각 성에는 넓은 대로들이 있었다. 내가 갔던 한 특정한 장소에는 일곱 개의 큰 도로가 하나님의 보좌로 이어져 있었다.

건축물들은 범상치 않았다. 나는 장미들이 새겨진 깨끗한 돌을 보았다. 그 돌은 살아 있었고, 가장 아름다운 향기를 뿜어내고 있었다. 천국에 있는 단단한 사물들에 귀를 갖다 댔을 때, 나는 그것들이 가장 아름다운 노래들을 부르는 것을 들을 수 있었다. 어떤 노래들은 우리가 지구에서 부르는 것들이었으며, 다른 노래들은 지구에 없는 것들이었다. 모든 것이 주님께 찬양과 영광을 드렸다.

모든 것이 매우 아름다웠다. 그러나 예수님의 아름다움 앞에서는 모든 것이 견줄 바가 못 되었다. 예수님을 한 번 보기만 하면, 모든 것이 상대적으로 초라하게 되었다. 심지어 내가 예수님의 아름다운 얼굴을 바라보았을 때, 천국의 그 아름다운 건축물들마저도 내 생각에서 잊혔다. 예수님께서는 하나님 형상의 본체이시다(히1:3 참조). 천국에 있는 모든 것은 예수님과 그 위대한 자비를 경외한다.

"그는 보이지 아니하는 하나님의 형상이시요 모든 피조물보다 먼저 나신 이시니 만물이 그에게서 창조되되 하늘과 땅에서 보이는 것들과 보이지 않는 것들과 혹은 왕권들이나 주

권들이나 통치자들이나 권세들이나 만물이 다 그로 말미암
고 그를 위하여 창조되었고 또한 그가 만물보다 먼저 계시
고 만물이 그 안에 함께 섰느니라"(골1:15-17)

수많은 섬광으로 휩싸인 수정성

먼 수정 바다 건너에서 아름다운 차임 소리가 들려오는 것을
들을 수 있었다. 매우 먼 곳에서 들려오는 것 같았다. 하지만 천
국이라고 불리는 경이로운 장소에 사는 사람들이 그 차임 소리
를 듣는 것은 그리 어려운 일이 아니었다.
  나는 그 너머에 무엇이 있는지 보기를 학수고대했다. 그때에
뭔가 나를 끌어당기는 듯했지만, 어떤 이유인지 내가 그곳으
로 가는 것을 예수님은 허락하지 않으셨다. 나는 천사들에게 그
이유를 물었고, 그곳을 흘끗 볼 수 있었다. 여하튼 나는 그것에
관해서 알고 싶었다.
  나는 그리 멀지 않은 곳을 볼 수 있도록 허락되었다. 그곳은
수정성이었는데, 창연한 빛들로 만들어진 모습이었다. 각각의
섬광은 모양이 달랐으며, 제각기 다른 빛을 발했다. 이 섬광들은
한데 모여 영광의 빛을 비추었는데, 태양이 비출 수 있는 빛보다
훨씬 밝게 비추었다.
  온 성이 높은 건물들로 가득한 것처럼 보였다. 어떤 건물들은
공중에 떠 있었다. 어떤 건물들은 둥글었고, 어떤 것은 큰 다이
아몬드와 같은 모양이었다. 나는 그것들을 선명하게 볼 수 있었

지만, 그것들로부터 적어도 수 킬로미터 떨어진 곳에 있었다. 수정성의 황홀함을 묘사하기란 매우 어려운 일이다. 그 풍경은 사도 바울이 경험한 후에 기록한 말씀을 생각나도록 했다.

"그가 낙원으로 이끌려 가서 말로 표현할 수 없는 말을 들었으니 사람이 가히 이르지 못할 말이로다"(고후12:4)

수정성에서 계속 사람들이 걸어 나왔다. 나는 그때 그들이 수정성에서 나왔던 이유를 알지 못한다. 차임과 벨이 경이로운 음악을 연주했다. 나는 지금도 사람들과 천사들의 합창단이 높은 곳에서 노래하던 것을 기억하고 있다. 나는 말로 표현할 수 없을 만큼 놀라운 풍경을 보고 음악을 들으면서 경배하고 기뻐하며 흐느꼈다. 다시금 나는 그것들을 인간의 언어로 정확하게 설명하는 것이 불가능하다고 말하고 싶다. 내가 천국에서 느낀 것과 지금 느끼고 있는 감정을 표현할 수 있다면 얼마나 좋겠는가!

나는 수정성의 빛의 향연들을 본 후에 거의 모든 시간을 예수님과 같이 있었다.

천국에 있는 우리집

나는 다른 주택으로 이끌려 갔다. 그것은 내가 걷던 도로가에 있었다. 나는 기쁨으로 눈물을 흘렸다. 나는 모든 사람의 기쁨과 행복에 참여했다. 이 주택은 다른 사람들의 주택만큼 크지는 않았지만, 좋은 주택이었다. 만약 지구에서 이런 주택을 지을 수 있다면, 아마 1조 달러가 들 것이다. 이 주택은 백악관(White House)보다 컸다.

천사들은 나에게 "누군가가 당신에게 말하고 싶어 하오."라고 말하면서 거기에서 잠시 멈추라고 했다. 나는 그 주택으로 걸어갔다. 나의 할아버지가 현관 앞에 앉아 있었고, 할머니도 그곳에 있었다. 그 주택은 할아버지와 할머니가 사는 주택이었다! 나는 무릎을 꿇고서 "할아버지!"라고 말했던 것을 기억한다. 할아버지가 자리에서 일어났을 때, 나는 할아버지가 20대 후반이나 30대 초반의 모습이라는 것을 알게 되었다. 할아버지는 97세에 이곳으로 왔다.

할아버지는 완전한 건강을 누리고 있었으며, 할머니도 마찬가지였다. 우리는 부둥켜 안았다. 나는 무슨 말을 해야 할지 몰랐다. 몇 초가 지난 후, 그들은 "리처드, 너는 하나님과 약속이 되어 있단다. 그리고 너는 세상으로 돌아가야 해. 네가 살 주택은 저쪽에 있다."라고 말했다.

그들은 도로 쪽을 가리켰다. 그곳에는 주택이 지어질 공간이 있었다. 나는 하나님께서 나에게 보여주신 모든 은혜를 받을 자격이 있다고 절대 생각하지 않았다. 나는 돌연 그들에게서 다른 곳으로 옮겨졌다. 하지만 나는 그들이 미소를 짓고 있었다는 것을 초자연적으로 알게 되었다. 그들은 나에게 무슨 일이 일어나고 있는지를 알고 있었다. 그들은 나에 대한 말을 이미 들었던 것이다.

나는 내가 사랑했던 사람들을 위해서 지어진 주택들을 많이 보았다. 나는 하나님 군대의 위대한 장군들을 몇 명 보았다. 나는 전도자 잭 코 시니어(역주: Jack Coe Sr. 미국의 초기 신유전도자)를 보았다. 그는 지구에 있을 때처럼 아프지 않았으며, 몸이 비대하지도 않았다. 그는 사람들 속에 서 있었으며, 크고 강한 목소리로 그들을 가르치고 있었다. 그는 나를 향해 손을 흔들었으며, 나도 그를 향해 손을 흔들었다. 하지만 그와 이야기를 할 시간은 없었다.

나는 또한 전도자 윌리엄 브랜함(역주: William Branham, 미국의 초기 신유전도자)을 보았다. 그는 앉아서 주님과 더불어 이야기를 나누고 있었다. 나는 그를 방해하고 싶지 않았다. 그도 역시 나에게 손을 흔들어 보였으며, 나도 그를 향해 손을 흔들었다. 예수님께서는 나를 보시면서 미소를 지으셨다. 나는 다시금 초자연적으로 예수님께서 "리처드는 세상으로 돌아갈 것이니라. 그는 여기에 방문했을 뿐이니라."라고 말씀하시는 것을 알았다.

나는 예수님과 함께 있는 다른 사람들을 보았다. 나는 시대적으로 왕성하게 사역했던 위대한 전도자들을 만났다. 그들은 다른 사람들 속에 있으면서 그들을 위로했으며, 천국의 경이로움과 하나님께서 그들을 위해 행하신 위대한 일들에 관해서 말하고 있었다. 그들 중 어떤 사람들은 천국에 오랫동안 있었지만, 여전히 뭔가를 배우는 중이었다. 그들은 어린아이들처럼 자신들이 배우고 싶은 것들에 집중했다.

후에 왼편에 있던 천사가 나에게 말했다.

"우리는 하나님의 보좌로 가야 하오."
그리고 우리는 그 장소를 순식간에 떠났다.

모든 것이 하나님의 보좌로 흘러가고 나오다

천국에 있는 모든 것은 하나님의 보좌로 흘러가고 나온다. 당신이 천국에 도착하게 되면, 모든 움직임이 보좌로 향하게 된다. 하나님께서 당신을 어떤 길로 인도해주시더라도, 결국 당신은 하나님의 보좌를 향하여 움직이게 된다.

천국에 있는 사람들은 진심으로 하나님의 보좌로 나아가고 예수님과 이야기하기를 열망한다. 그들은 도로의 모퉁이에 서서 도로를 바라보면서 예수님께서 자신들에게 걸어오시는 모습을 보았다. 그들은 놀라서 "주님께서 오고 계십니다! 주님께서 우리가 있는 곳으로 오시고 계세요. 우리는 주님과 이야기를 나눌 거예요."라고 소리쳤다.

나는 예수님께서 사람들과 이야기하시다가 고개를 돌려서 나를 바라보시는 모습을 많이 보았다. 나는 예수님과 이야기하고 싶었지만, 내 차례를 기다려야 한다는 것을 알았다. 나는 큰 평화를 느꼈다. 내가 예수님을 보았을 때에, 보좌에 계신 하나님께로 가고자 계속 열망했다.

태피스트리(Tapestry)

나는 아름다운 도로를 따라서 보좌가 있는 알현실로 향하고 있었다. 보좌가 있는 알현실은 가까운 거리에 있는 것처럼 매우 장대하게 보였다. 천국에 있는 모든 것이 그러하듯, 내 오른편에는 호흡을 멎게 할 정도로 기이한 것이 있었다. 그곳에는 거대한 창이 있는 아름다운 주택이 있었고, 나는 그것을 보면서 "영광!"을 외쳤다.

한 여자는 내가 본 것 중에서 가장 아름다운 태피스트리(역주: 색색의 실로 수놓은 벽걸이나 실내장식용 비단)를 짜고 있었다. 나는 천사들로부터 그 주택 안으로 들어가라는 말을 들었다. 나는 "하나님의 영광을 보았다." 그 태피스트리는 눈에 보이는 어떤 지지대가 없이도 공중에 매달려 있었다. 나는 그 풍경에 관해서 설명할 수가 없다. 단지 내게 보여주신 것만을 말할 수 있을 뿐이다.

그 여자는 방적실 같은 재료로 만들어진 거대한 공을 가지고 있었다. 그녀는 공에게 부드럽게 말하고 있었다. 공이 어떤 모양이 되기를 원하는지를 말하는 것이었다. 즉시, 공은 그녀의 바람대로 순종했다. 나는 아름다운 그림이 태피스트리의 마지막 부분에 나타나는 것을 보았다. 또한, 태피스트리가 그 주택의 창에 비치는 모든 것의 그림인 것을 보았다.

나는 우리가 하나님의 형상으로 만들어진 것처럼, 그 그림은 창밖에서 일어나는 일들의 모양으로 만들어졌다는 말을 들었다.

태피스트리 안에는 길이 있어서 마치 당신이 그곳으로 걸어 들어갈 수 있을 것처럼 보였다.

다시 말하지만, 창밖에서 일어나고 있던 모든 일이 태피스트리에 그려지고 있었다. 어떤 사람들은 움직이면서 창들을 통과하면서 걸어다녔다. 다른 사람들은 무리지어 서서 노래하고 있었다. 나는 창가에 서 있는 것처럼 그들의 노랫소리를 잘 들을 수 있었다. 나무들의 잎사귀들은 산들바람이 부는 것처럼 움직였다. 나는 창밖에 서서 내부를 쳐다보고 있었다.

내가 한 천사에게 물었다.

"저 여자분이 언제 이 태피스트리에 그림을 수놓았나요?"

그 천사가 대답했다.

"당신이 거듭나던 날이오."

나는 감정을 이기지 못하고 눈물을 흘렸다.

"이리 오시오. 당신은 하나님과 약속이 되어 있소."

나는 말을 하려고 노력했지만, 말을 할 수가 없었다. 그 천사는 상냥하고 부드러운 미소를 지었다. 그리고 나는 한 사람이 거듭나는 순간에 천사들이 어떻게 기뻐하는지를 알게 되었다.

"내가 너희에게 이르노니 이와 같이 죄인 한 사람이 회개하면 하나님의 사자들 앞에 기쁨이 되느니라"(눅15:10)

천사들은 죄인들이 회개하는 순간을 위해서 창조 되었고 능력을 받은 것이다. 천사들은 하나님을 섬기고 하나님께서 자신들을 보내시는 곳에서 사명을 감당할 때에 최고의 기쁨을 누린다. 그들은 한 사람이 그리스도를 자기의 구원자로 영접하는 순간에 기뻐하고, 즉시 사역에 임하게 된다.

하나님께서는 우리를 위해서 모든 뜻을 계획하셨다. 우리는 예수님을 따라야 한다. 하나님께서는 우리를 실망하게 하시지 않는다.

영원한 간증 집회

나는 간증 집회가 열리고 있는 대형 극장으로 이끌려 갔다. 그곳에는 수천 명의 사람이 있었다. 천사는 그 집회가 영원히 이어질 것이라고 말했다. 우레같이 큰 소리로 찬양과 영광을 돌리는 소리가 들렸다. 그 후에 매우 익숙한 음성이 들렸다. 그 음성은 "내 손자가 태어나기 35년 전, 나는 주님으로부터 내 손자의 삶에 관한 약속을 받았습니다. 주님께서는 내 손자가 그의 세대에 복이 될 것과 하나님으로부터 강력하게 쓰임 받을 것을 말씀하셨습니다. 내 손자는 어린이 전도자였으며, 지금 여기에 와 있습니다. 우리 하나님께서는 절대로 우리를 실망시키시지 않습니다."라고 말했다.

나는 누가 이 말을 하는지 보기 위해서 사방을 둘러보았다. 나도 매우 어릴 때부터 사역을 시작했기 때문에, 나는 그 사람을 보고 싶어서 마음이 들떠 있었다. 그 간증 속의 인물이 다윗 왕 아니면 사무엘 선지자였을까? 내가 사무엘을 만나게 되는 것이었을까? 나는 사무엘을 만날 수 있음을 알고서 "저는 사무엘을 보고 싶어요. 하나님을 매우 사랑했던 이 사람을 볼 수 있도록 해주세요."라고 소리쳤다.

나는 무대처럼 생긴 장소로 이끌려 갔다. 눈을 들어 보니, 그곳에는 내 할아버지가 있었다. 할아버지가 그들에게 말하고 있었던 것이다! 할아버지는 나를 가리키면서 "저기에 내 손자가 와 있습니다."라고 말했다. 나는 할아버지를 다시 만난 것이 기뻐서 눈물을 흘렸고, 대리석 바닥에 엎드렸다.

한 손이 나를 잡고 일어서게 했다. 할아버지의 손이었다. 할머니도 거기에 있었다. 또한, 할머니의 형제들인 레스터 할아버지와 마리온 할아버지도 있었다. 그곳에는 가족들이 모여 있었고, 내가 한 번도 본 적이 없는 사람들도 많이 있었다. 그들은 나에게 더 가까이 다가오지는 않았다. 나는 하나님께서 나로 하여금 그들을 안아드리는 것을 허락하시지 않는다는 것을 본능적으로 알았다. 모든 사람이 기쁨으로 얼굴이 빛났다.

후에 나는 돌연 다른 장소로 옮겨졌다. 그때 "당신은 하나님과 약속이 되어 있소."라는 말을 또 들었다. 나는 여전히 방금 일어났던 일의 충격과 기쁨으로 인하여 눈물을 흘리면서 걸었다. 나는 약 14명의 전투 천사를 보았는데, 그들은 하나님의 보좌 방향에서 우리가 있던 방향으로 오고 있었다. 그 천사들은 키가 6미터에 어깨가 3미터였다. 그들의 눈은 하나님의 제단들로부터 나온 불빛으로 빛났고, 그들이 들고 있던 칼은 불붙은 화염검이었다. 그들이 내 옆으로 지나갈 때에 땅이 진동했다.

나는 뒤로 물러섰고, 나와 함께 있던 천사들은 고개를 숙여서 존중을 표시했다. 나는 어떤 귀신도 전투 천사들과 감히 싸우지 못할 것으로 생각했다. 한 전투 천사가 귀신의 군대 전부를 괴멸할 수 있다.

그리고 나는 강하고 확고하지만, 매우 온유한 음성을 들었다. 예수님께서 내 뒤에 계셨다.

"나는 네가 저 천사들을 보기를 원하노라. 저들은 너의 미래에 보냄을 받을 자들이니라. 네가 저들을 필요로 할 때 저들이 너와 함께할 것이니라."

예수님께서 말씀하셨다.

이에 성경에 기록된 말씀이 기억났다.

"모든 천사들은 섬기는 영으로서 구원 받을 상속자들을 위하여 섬기라고 보내심이 아니냐"(히1:14)

내가 천국에서 지구로 돌아온 후, 전투 천사들의 도움을 필요로 했던 때가 여러 번 있었다. 전투 천사들은 매우 특별하고 직접적이고 실제적으로 나를 도와주었다. 나는 이 모든 것이 하나님께서 나를 위해 계획하신 미래를 위해 예비하신 것이라는 점을 알게 되었다. 나는 다시금 눈물을 흘렸다. 천사들은 내 어깨에 손을 얹고서 한 음성으로 말했다.

"그가 너를 위하여 그의 천사들을 명령하사 네 모든 길에서 너를 지키게 하심이라 그들이 그들의 손으로 너를 붙들어 발이 돌에 부딪히지 아니하게 하리로다"(시91:11-12)

나는 큰 기쁨으로 "하나님께 영광!"이라고 소리쳤다.

나는 예수님을 그의 백성 가운데에서 다시 볼 수 있었다. 예수님 주변에는 엄청난 수의 아이들이 있었다. 나는 예수님께서 영광의 구름 같이 생긴 큰 공을 공중으로 던지시면서 "이것 보아라."하고 말씀하시는 음성을 들었다. 공이 600미터 상공에 다다랐을 때에, 우리가 지구에서 보는 불꽃처럼 다양한 색깔을 내면서 터졌다. 하지만 불꽃이 사라지는 대신에 점점 커졌다. 그리고는 나무 모양이 되어서 땅으로 천천히 내려왔다. 나무는 즉시 땅에 뿌리를 내리고서 자라기 시작했다. 나무는 그곳에 있던 다른 나무들과 비슷한 모양이었다. 아름다운 나무였다. 예수님께서는 완전한 일만 하신다. 아름다움은 천국의 법칙이다.

나는 그곳에 서서 예수님께서 하신 일을 보았던 모든 사람이 매우 놀라는 모습을 기억하고 있다.

어린양의 혼인잔치

후에 예수님께서는 나에게로 돌아서셔서 천사들에게 말씀하셨다.

"리처드를 나의 혼인잔치에 데리고 가서 혼인잔치를 보게 하여라. 혼인잔치가 거의 준비되었구나."

나는 혼인잔치에 참여하게 될 것이라는 생각을 하기도 전에 이미 그 자리에 가 있었다. 나는 매우 높은 건물을 보았다. 그 건물에는 아치 모양의 기둥들이 있었는데, 각각 15미터 정도 떨어져 있었다. 잔치가 열리게 되는 장소에 있는 테이블들은 황금으로 만들어졌으며, 보석들로 아로새겨져 있었다. 이 테이블들은 왕들의 보좌처럼 생긴 의자들과 더불어 정렬되어 있었다. 내가 아름답게 건축된 건물에 관해서 설명할 수 있는 말은 이게 전부다. 내 판단에 의하면, 그 건물은 어림잡아 약 30킬로미터의 길이였다. 보좌를 배경으로 두고서 세 줄의 테이블들이 반원형으로 놓여 있었다.

각각의 의자는 등받이 안쪽에 이름이 새겨져 있었다. 나는 그 이름들이 언제 새겨졌는지를 주님께 여쭈었다. 이에 주님께서는 "어린양의 생명책에 그들의 이름이 기록되었을 때에 새겨졌노라."하고 말씀하셨다.

나는 침묵하면서 완전한 감사의 마음을 표하며 머리를 숙였다. 그리고 머리를 들고서 내 앞을 바라보았다. 그 순간, 나는 내 이름이 한 의자에 새겨진 것을 보았다. 나는 그 의자에 앉기를 매우 원했지만, 예수님께서는 "아직은 아니니라. 내 아버지께서 '내 아들의 혼인잔치에 와서 앉아라' 하고 말씀하실 때에 처음 앉게 될 것이니라. 신부가 신랑에게 주어질 것이고, 신랑에게 신부의 잔치가 주어질 것이다."라고 말씀하셨다. 나는 다시금 큰 기쁨으로 눈물을 흘렸다.

잔에는 천국의 달콤한 음료가 가득했다. 금으로 만들어진 접시에는 천국의 최고 요리가 담겨 있었다. 모든 것이 완전하게 준비되었다. 혼인잔치는 신랑이 입장할 수 있도록 준비되어 있다. 혼인잔치가 열리는 장소는 헤아릴 수 없이 많은 사람이 참여할 수 있을 만큼 넉넉했다.

Chapter 6.
하나님께서는 우리의 내일을 아신다

"모든 일을 그의 뜻의 결정대로 일하시는 이의 계획을 따라
우리가 예정을 입어 그 안에서 기업이 되었으니
이는 우리가 그리스도 안에서 전부터 바라던
그의 영광의 찬송이 되게 하려 하심이라"
(엡1:11,12)

천국의 문서 보관소
오늘의 기도를 통해 하나님은 내일을 정하신다
하나님을 찾는 것에 대한 교훈

나는 매우 큰 건물 안으로 이끌림을 받았다. 그 건물에는 거대한 아치 입구가 있었다. 내부에는 책꽂이들이 줄지어 있었다. 책꽂이들은 수 킬로미터 길이와 수 킬로미터 높이였으며, 책들은 약 4.5미터 높이로 보였다. 그곳에는 수백 명의 천사가 책들을 관리하고 있었다. 천사들은 들락날락하면서 많은 일을 하고 있었다.

천국의 문서 보관소

하나님께서는 문서들을 보관하시는데, 이 큰 건물이 바로 천국의 문서 보관소이다.

"또 내가 보니 죽은 자들이 큰 자나 작은 자나 그 보좌 앞에 서 있는데 책들이 펴 있고 또 다른 책이 펴졌으니 곧 생명책이라 죽은 자들이 자기 행위를 따라 책들에 기록된 대로 심판을 받으니"(계20:12)

천국의 문서 보관소는 우리의 삶에 관해 기록된 많은 책이 보관되어 있다. 그리고 이 책들은 심판의 날이 오면 하나님께 운반되는 책들이다. 이 책들은 우리가 이 땅에서 했던 행위들의 기록이다. 만약 사람이 죄를 지으면, 그의 죄는 이 책에 기록된다.

나는 이 책에 기록된 우리의 잘못과 죄악은 우리가 회개할 때에 영원히 지워진다는 말씀을 들었다. 아무도 회개한 잘못과 죄악의 기록을 찾을 수 없다. 하나님도 그러하시다.

나는 또 하나의 매우 큰 건물을 보았는데, 이것은 문서 보관소와는 다른 것이었다. 이 건물 안에는 지구에 사는 모든 사람의 책이 있다. 또한, 그곳에는 우리의 삶에 관해 사진들로 기록된 책들이 있다. 모든 생각과 모든 행위, 즉 모든 것이 천국에 기록되어 있다.

천국에는 각 사람에게 속하는 다수의 책이 있다. 키가 크고 날씬한 천사들이 큰 책들을 관리하고 있었다. 이 천사들의 키는 2.5-2.8미터 정도로 보였다. 그들은 1.5미터 길이의 깃 달린 금촉펜을 사용하여 책에 기록했다. 이 깃 달린 금촉펜은 영원히 글을 쓸 수 있는 것이었다. 한 천사는 오른손으로 책을 들고서 왼손으로 기록했다.

나는 천사들이 왼손으로 책들을 꺼내서 펴는 것을 보았다. 각 페이지는 비디오 장면과 같았는데, 다른 점이 있다면 이미지들이 3D라는 것이었다. 이미지들은 삶의 이야기를 담고 있었다. 그리고 책들은 우리의 생애가 시작되기 전부터 기록되었고, 사진들도 그러하다.

"내 형질이 이루어지기 전에 주의 눈이 보셨으며 나를 위하여 정한 날이 하루도 되기 전에 주의 책에 다 기록이 되었나이다"(시139:16)

오늘의 기도를 통해 하나님은 내일을 정하신다

하나님께서는 과거나 미래를 오고 가실 수 있다. 그분께서 시간을 창조하시고 고안하셨다. 하나님께서는 오늘 우리가 기도하고 그분을 구하기 때문에 우리의 내일들을 정하신다. 하나님께서는 내일 일어날 일들을 아신다. 그분께서는 우리의 내일을 정하신다. 하지만 그분께서는 우리가 오늘 기도하기 때문에 우리의 내일을 정하시는 것이다. 우리가 기도할 때, 하나님께서는 도량법을 통해 우리의 내일을 주신다. 환언하자면, 우리는 우리 영혼 속에 있는 억제와 균형으로 인하여 내일 다가오는 것이 무엇인지를 알 수 있다는 것이다. 성령님께서는 우리의 영혼에 말씀하시고, 우리가 하나님께 기도드리고 구하도록 하신다. 또한, 그분께서는 자기의 계획을 우리에게 확증하시며, 우리 삶에 방향을 주시며, "그래!" "아니!" "아직!"이라고 말씀하신다.

우리가 내일을 위해 기도하거나 장차 일어날 일을 위해 기도하는 것은 하나님께서 우리를 위해 복을 예비하셨기 때문이다. 그러나 마귀는 하나님으로부터 받은 복을 우리에게서 훔쳐가기를 원한다. 우리가 오늘 열심으로 기도하면, 하나님께서 우리의 내일에 마귀를 잡는 덫을 놓아두시며, 우리의 복이 예정된 때에 임하도록 하신다. 이것은 내가 천국에 있을 때에 주님에게서 들은 말씀이다. 또한, 나는 우리의 모든 내일이 하나님의 어제라는 말씀도 들었다.

하나님을 찾는 것에 대한 교훈

나는 처음에 내 머리로 이해할 수 없었던 장소로 옮겨졌다. 나는 우주의 변두리에 서 있었다. 그리고 나는 거대한 나선과 같이 생긴 우주 전체를 보았다. 이 지점에서 보니, 우주는 마치 거대한 벽시계 스프링처럼 보였다. 중앙은 순백이었고, 빛은 내가 자리 잡고 있던 변두리로 올수록 희미해졌다. 나는 몇몇 다른 사람들보다 이것에 더 가까이 있었다. 나는 내 뒤에 있는 사람들을 보았는데, 그들은 자신들이 이것에 가까이 있다고 생각했다. 내 앞에 있던 사람들도 자신들이 이것에 가까이 있다고 생각했다. 그러나 그들보다 먼저 그곳에 온 사람들도 있었다.

나는 하나님을 찾는 것에 대한 교훈을 얻었다. 사람들은 어디에서든 하나님을 찾아야 하고, 자신들이 하나님과 함께 있는 곳이면 어디든지 감사해야 한다. 당신보다 조금 먼저 된 사람들을 질투하지 말고, 당신 뒤에 있는 사람들을 위해 기도하라. 우리는 모두 하나님을 찾는 사람들이다.

"모이기를 폐하는 어떤 사람들의 습관과 같이 하지 말고 오직 권하여 그 날이 가까움을 볼수록 더욱 그리하자"(히 10:25)

이 구절은 우리가 모이는 것을 폐하지 말라고 말씀한다. 그리고 주님의 재림하시는 날이 가까움을 볼수록 더욱 많이 모이라고 말씀한다. 많은 수에는 힘이 있다. 당신들이 한자리에 모여서 하나님을 찾을 때에 더 큰 기름 부음이 있게 되고, 기도하기가 더 쉬워진다. 나는 이 교훈을 얻었다. 하나님께서는 우리가 행하는 길 앞에 계시는데, 이는 우리의 내일이 하나님의 어제이기 때문이다.

하나님께서는 우리가 행하는 길에 이미 승리를 허락해주셨다. 만약 당신이 하나님과 진정으로 가까이 있다면, 성령님께서는 당신이 기도해야 한다는 것을 의식하게 하시는데, 이는 당신이 행하는 길에 뭔가가 있다는 것을 당신이 알아야 하기 때문이다.

하나님께서는 우리를 위해 몇 번이나 이것을 하셨을까? 이에 관해서 나는 모른다. 나는 오직 나 자신에 관해서만 당신에게 말해줄 수 있다. 나는 그것을 많이 경험했다. 하나님께서 이미 나의 내일을 알고 계시기 때문에 나는 항상 내일에 대해 기도한다. 만약 내가 오늘 기도하기 위해 특별한 수고를 하면, 하나님께서는 나를 보살펴주실 것이다.

나와 함께 있던 천사들은 내가 천국에서 보고 있던 것들 중의 몇 개는 하나님께서 태초 전에 나를 위해 창조하신 것이라고 말했다. 하나님께서 시간을 창안하시기 전 그분께서는 천국과 천사들을 만드셨고, 내가 필요할 때 받을 수 있는 복들도 만드셨다.

나는 천국에서 필요한 옷이 보관되어 있는 창고로 이끌림 받았다. 그곳에는 나의 구역이 있었다. 하나님께서는 내가 천국에서 필요한 것을 태초 전에 이미 창조하셨다. 하나님께서는 내가 천국에 있을 것을 미리 아셨다.

하지만, 태초 전에 어떤 특정한 것들이 만들어졌다 해도, 나는 천국에 현재 건축 중인 주택들이 있는 장소들을 보았다. 천사들과 사람들이 주택들을 건축하고, 우리가 지구에서 받을 수 없었던 복들을 넣어주고 있었다.

Chapter 7.
하나님의 지식 도서관과 학교

"깊도다 하나님의 지혜와 지식의 풍성함이여,
그의 판단은 헤아리지 못할 것이며
그의 길은 찾지 못할 것이로다"

(롬11:33)

내가 이끌려 갔던 다른 건물에는 하나님의 지식이 기록된 부분이 있었다. 하나님께서는 자기 지식의 일부를 기록해놓으셨는데, 이는 우리로 하여금 그 지식과 관련이 있게 하기 위함이다. 그곳에는 독특한 상징들이 있었다. 하나님께서는 이 상징들 하나하나를 해석해놓으셨다. 당신이 하나님의 지식 도서관에 가게 되면, 당신의 생각이 자동적으로 활발하게 움직이게 된다.

나는 그 건물 안에 있던 한 사람과 이야기했다.

"리처드 형제, 저는 이곳에 2천년 동안 있었지만, 아직 두 페이지밖에 못 읽었어요."

그가 나에게 말했다.

수백만의 천사가 이 도서관을 들락날락했고, 또한 천국에 사는 같은 수의 사람들도 들락날락했다. 이 천사들은 지구로 향하여 가던 중이었다. 우리는 이생에 살면서 때로 어떻게 해야 할지 모를 때가 많기에 지혜를 구하는 기도를 드린다.

다시 말하지만, 성경은 천사들이 구원 얻을 후사들을 섬기는 자들이라고 말씀한다. "모든 천사들은 섬기는 영으로서 구원 받을 상속자들을 위하여 섬기라고 보내심이 아니냐"(히1:14). 하나님의 지식 도서관은 천사들이 지혜를 가져오는 장소이다. 그래서 우리가 하나님의 지혜를 얻게 되는 것이다. 때로는 성령님께서 직접 지혜를 가져다주시기도 한다. 천국에 있는 사람들은 하나님의 지식 도서관에 가서 지혜를 얻고 절대 잊지 않는다.

천국에는 큰 학교들이 많이 있다. 우리가 지구를 떠날 때에 우리가 받은 교육은 완전하지 않다. 지구에서의 교육은 단지 시작일 뿐이다.

　나는 천국의 사람들을 교육하는 두 개의 거대한 학교 건물들을 보았다. 사람들은 천사들과 다른 사람들에 의해서 가르침을 받았다. 모든 과목을 가르쳤으며, 심지어 노래도 가르쳤다. 당신이 배우는 모든 선율과 음표와 가사는 영원토록 잊지 못한다.

　배움에는 끝이 없다. 당신의 모든 지성은 천국의 지혜와 지식의 조명을 받는다. 당신의 지성은 100퍼센트 사용되고, 지적 능력은 계속 증가한다. 당신은 천국에서 하고 싶은 것이 있으면 어떤 것이든 할 수 있다. 왜냐하면, 당신이 하고 싶어 하는 것들은 옳은 것이기 때문이다.

　학교 건물들은 길이와 높이가 1.5킬로미터에서 3킬로미터 정도로 길었다. 그것들은 수십만의 사람들을 수용할 수 있을 만큼 큰 건물들이었다. 교실들은 거대한 강당들이었다. 나는 걸어다니면서 창문을 통해 교실 안에 있던 사람들을 볼 수 있었다. 사람들은 교실에서 지식을 배우면서 하나님을 찬양하고 있었다. 천사들은 우리가 천국에서 배우는 것들을 절대 잊지 않을 거라고 나에게 말했다.

　나는 너무 놀란 나머지 잠시 발걸음을 멈추고 서 있었던 것을 기억한다. 나는 사람들이 말한 것을 모두 들을 수 있었다. 사람들은 하나님을 찬양하고 있었고, 하나님의 수다한 신비들을 배우고 있었다.

Chapter 8.
기념하는 글

"이는 모든 것이 너희를 위함이니
많은 사람의 감사로 말미암아
은혜가 더하여 넘쳐서 하나님께
영광을 돌리게 하려 함이라"

(고후4:15)

장미의 길
"장미꽃이 절대로 떨어지지 않는 곳"

천국 여행 중, 나는 몇 층으로 되어있는 큰 웨딩 케이크(wedding cake)처럼 생긴 건물로 인도받았다. 크고 둥근 최하부층은 천장까지 약 4.5미터 높이였다. 최하부층에는 밝은 아치 현관이 있었고, 아치 현관 위에는 이름이 있었다. 나는 그 건물 안으로 들어갔다.

내부에는 부흥회 장면들이 끊임없이 상영되고 있었다. 이 부흥회들은 내가 어릴 적부터 사역에 참여했던 것들이었다. 하나님께서는 부흥회 장면들이 끊임 없이 상영됨에 따라서 계속적으로 영광을 받으셨다.

그곳에는 3인치 크기의 글자들이 쓰여있었다: "하나님께서 리처드의 삶을 통해 받으신 영광!"

또 다른 기념글들을 보았다. 그것은 사도행전 10장에 나오는 가난하고 궁핍한 사람들에게 관대하게 베풀었던 고넬료에 관한 것이었다. 그를 기념하는 글들은 워싱턴 기념탑(Washington Monument)에 기록된 것과 비슷했다. 그러나 높이는 그것에 미치지 못했다. 천사들은 그 곁에 서서 고넬료의 자선에 관해 알리고 있었다. 이곳은 사람들이 성경에 기록된 것들을 보는 장소였다. 나는 고넬료를 보지 못했다. 그가 어떻게 생겼는지도 모른다. 하지만 그가 그리 멀지 않은 곳에 있다는 것을 내 영으로 느꼈다. 그는 사람들과 이야기했고, 하나님께 영광을 돌렸다.

사방에 더 많은 기념글이 있었다. 각 기념글은 하나님의 자녀들 중의 하나가 이 땅에 사는 동안에 쟁취한 위대한 승리를 설명해주었다. 기념글은 그 사람(매우 나쁜 죄인)이 언제 그리스도께로 왔는지를 말해주었으며, 그가 언제 큰 싸움을 싸웠고 하나님의 영광을 위해 승리했는지 말해주었다.

나는 빌리 그래함이 남부 캘리포니아에서 열었던 전도집회에 관한 기념글을 보았다. 그 기념글에는 하나님께서 그 집회를 통해 받으셨던 영광과 구원받은 사람들의 수가 있었으며, 하나님께서 영원히 인치신 말씀들도 있었다.

나는 다른 기념글들도 보았다. 기념글들이 있는 장소는 영광스럽다. 나는 스미스 위글스워스(역주: 1859년 6월 8일-1947년 5월 12일. 영국의 전설적인 신유전도자. 21명의 죽은 사람을 살려내고 수다한 사람들을 그리스도께 인도했음)의 기념글을 보았다. 나는 그가 멀리 있었기 때문에 이야기를 나누지 못했다. 하지만 그는 내가 서 있던 곳을 바라보면서 미소 지으며 손을 흔들었다. 그는 사람들을 이곳저곳으로 인도하면서 하나님께서 그들을 얼마나 사랑하셨고, 또한 그들을 위해 천국에 무엇을 예비하셨는지를 말하는 데 분주했다.

스미스 위글스워스는 세상에 있었을 때에 사람들을 도와주던 일을 천국에서도 하고 있었다. 천국에는 기도를 해드려야 할 병자가 없기 때문에, 그는 자기 책을 읽거나 설교를 듣고서 자기를 만나기를 원하는 사람들과 이야기를 나누고 있었다. 그러나 그는 그들을 매우 겸손한 자세로 도왔다.

"너희 중에 큰 자는 너희를 섬기는 자가 되어야 하리라"(마 23:11)

"너희 중에 누구든지 으뜸이 되고자 하는 자는 너희의 종이 되어야 하리라"(마20:27)

이것이 바로 천국이 경영되는 법칙들 중의 하나이다. 당신은 모든 사람의 종이다. 당신은 주님의 종이다. 하나님과 함께 "높은 곳"으로 올라가는 길은 당신 자신이 하나도 남지 않는 곳으로 "내려가는 것"이다. 자아의 죽음은 하나님 앞에 고귀한 것이다.

나를 인도하던 천사들은 하나님께서 크게 상주시는 것들이 있다는 것을 나에게 말해주었다. 하나님께서는 무슨 일을 결정하기 전에 항상 기도하는 사람, 절대적으로 진실하고 전적으로 정직한 사람, 하나님께서 원하심을 따라서 결정하는 사람에게 큰 상을 주신다. 하나님께서는 모든 것을 자기에게 기도하고 구하는 사람, 즉 순종하는 사람에게 큰 상을 주신다. 하나님께 대한 순종은 다른 무엇보다 고귀하다. 이것들은 천국이 경영되는 원리들이다.

장미의 길

나는 장미의 길(The Way of the Rose)이라고 이름 지어진 길로 인도받았다. 나는 뭔가 중요하고 영구한 사건들이 이 길과 연관되어 있음을 알게 되었다. 내 왼편에 있던 천사에게 내가 이 아름다운 장소에 인도받게 된 이유가 뭔지 물어보았다. 그 천사는 "하나님께 질문하지 않는다는 것을 순종해야 하오."라고 대답했다.

그는 단호한 음성으로 말했고, 나는 대꾸하지 않았다. 그곳에는 아직 공사 중인 주택들이 몇 채 있었다. 그중 하나는 입구에 아름다운 글자들로 이름들이 새겨져 있었다. 그 이름들은 헥스트롬 가의 폴과 주디(Paul and Judy of Hegstrom)였다. 그때에는 그들이 누구인지 몰랐으며, 천사들에게 그들이 누구인지 물어볼 뻔뻔함도 없었다.

나는 다른 주택들이 비슷한 모양으로 지어지고 있었음을 깨달았다. 그 주택들은 1천 미터 크기의 꽃나무들이 심어진 아름답고 푸른 잔디밭에 이어져 있었다. 모든 주택은 그렇게 만들어졌고, 그래서 앞마당과 뒷마당이 똑같이 보였다. 게다가 이 주택들은 3층 높이였다.

이 주택들에는 장밋빛 목재로 장식된 넓은 방이 많이 있었으며, 방들 안에는 세련된 가구들로 가득했다. 모든 가구는 런던의 버킹엄 궁전에서 가져온 것 같이 보였다. 뒷마당에는 금으로 만들어진 긴 의자들이 많이 있었다. 이것들은 잔디밭에 설치되는 긴 철제 의자들처럼 보였다. 긴 의자들 위에 놓인 쿠션들은 금실로 만들어진 것들이었다.

주택들 뒤에는 큰 호수가 있었으며, 천국의 풍경이 새겨진 장식용 식물들이 있었다. 이 풍경에는 살아서 움직이고 말하는 초상들이 있었다. 하지만 초상들은 여전히 풍경의 일부였을 뿐이었다. 그것들은 나무 같은 재료에 새겨진 것들이었다. 나는 이 또한 설명할 수가 없다. 내가 할 수 있는 것은 오로지 내가 본 것을 그대로 말하는 것밖에 없다.

이 주택들 안에 있는 주요 도서관들은 금에 도드라지게 새겨진 책들이 꽂혀 있었다. 그것들은 장차 도래할 시간에 기록될 내용이 '미리 기록된 책들' (pre-copies of books)이었다.

내가 헥스트롬 가에 있는 도서관에 있을 때, 예수님께서는 나에게 "이 책들은 내 영이 태초에 기록한 것이니라. 이것들은 폴 헥스트롬이 지구에 있는 동안에 쓰도록 그에게 주어진 것들이니라. 너는 나중에 그를 만날 것이니라. 그를 만나게 되거든, 그가 해야 할 일들이 아직도 많다는 것과 보조를 늦추지 말라고 말하여라."하고 말씀하셨다. 또한, 예수님께서는 "나중에 더 많은 것을 너에게 말해주겠노라." 하고 말씀하셨다.

각 가정은 그 가정의 모든 사람을 대표한다. 가족 중의 몇 명은 이미 천국에 와 있다. 헥스트롬 가의 주택 앞에는 하나님께서 헥스트롬 씨가 드린 삶으로부터 받으신 영광을 나타내는 기념글이 있었다. 다시 말하지만, 나는 훗날 적절한 때에 헥스트롬 씨를 만나게 될 것이라는 점을 알게 되었다. 나는 찬양과 감사를 드리면서 눈물을 흘렸다. 천사들은 하나님을 찬양하기 시작했다.

"장미꽃이 절대로 떨어지지 않는 곳"

이 사건은 나에게 큰 의미가 있지만, 당신에게는 그리 큰 의미가 없을 수도 있다. 그러나 나는 지금도 그때의 일이 기억날 때마다 감격한다. 천국 여행에 관한 생각을 할 때마다 나에게 영적 아버지 같은 전도자가 생각난다. 그는 항상 나에게 "장미꽃이 절대로 떨어지지 않는 곳"이라는 노래를 불러주곤 했다.

  돌연, 내 주변에 있던 사람들이 매우 조용해졌다. 나는 매우 특별한 순간이 곧 벌어질 것을 느꼈다. 나를 향해 누군가가 걸어오는 것을 느꼈다. 나는 그가 오래 전에 자동차 사고로 사망한 옛 친구라는 것을 알아보았다. 나는 그곳에서 그를 보게 된 것에 적지 않게 놀랐다. 나는 그가 세상에서 예수님을 영접했었는지 몰랐다. 나는 다시 한 번 할 말을 잃었다.

  천국으로 먼저 간 친구와 재회한 것은 참으로 기쁜 일이었다!

Chapter 9.
천국의 음악, 언어, 의복

"내가 또 들으니 하늘 위에와 땅 위에와 땅 아래와 바다 위에와
또 그 가운데 모든 피조물이 이르되 보좌에 앉으신 이와
어린 양에게 찬송과 존귀와 영광과 권능을 세세토록 돌릴지어다 하니"

(계5:13)

어디에서나 들리는 음악
천국의 언어와 인간의 언어
천국의 의복

하나님께서는 사람들이 지구에서 개발한 재능과 기술 중의 일부도 잃는 것을 원치 않으신다. 이미 기록하였듯이, 사람들의 재능은 천국으로 가면 수백만 배나 더 향상된다.

어디에서나 들리는 음악

나는 큰 오르간 앞에 앉아 있던 요한 세바스티안 바흐(1685-1750)를 보고 그가 연주하는 오르간 소리를 들었다. 오르간에는 악보들이 있었는데 사람들이 지구에서 일반적으로 듣는 것들이며, 나도 들어본 적이 있었다. 그가 연주하자, 천국의 합창단이 그 음악에 맞춰서 찬양과 경배를 했다. 나는 천국에서 뭔가 다른 것을 발견한 것이 있는데, 그것은 천국 어디에서나 음악이 울려 퍼지고 있다는 것이다.

다양한 마을과 도시 안에 사는 사람들은 노래를 부르며 하나님을 찬양하고 있었다. 이 마을 저 마을 모두 노래를 불렀다. 마을마다 다른 노래들이 흘러나왔다. 내가 공중으로 올라가자, 동시에 울려 퍼지는 음악을 들을 수 있었다. 그들은 모두 콘서트를 하며 노래하고 있었다. 더 높이 올라갈수록 더 많은 마을로부터 올려 퍼지는 노랫소리를 들을 수 있었다. 비록 마을마다 다른 노래를 부르고 있었지만, 모두가 완전한 화음으로 같은 노래를 부르는 것처럼 들렸다. 나는 그 노래가 "천국의 노래"라고 생각했다.

나는 멀리 있는 합창단을 보았다. 그러고 나서 더 가까이에서 그들을 보았다. 나는 그들이 멀리서 노래하는 소리를 들었고, 몇몇 무리가 노래하는 모습도 보았다. 때로 합창단들은 천사들의 무리들로 구성되기도 했다. 언뜻 보기에, 노래 중 하나는 특별히 내가 불러야 하는 노래 같았다. 내가 그곳에 있었을 때에는 그 노래가 무엇인지 알았다. 하지만 지금은 그게 무슨 노래이며, 무슨 의미를 담고 있었는지 알지 못한다. 게다가 나는 곡조와 가사도 기억하지 못한다. 천국에 있는 동안에만 그 노래의 곡조와 가사를 기억하도록 허락 받았던 것이다.

나는 천사들이 불렀던 노래들이 천국에서 해야 할 사역과 일들을 하나님께서 사람들에게 말씀하시는 것이라는 점을 알았다.

사람들이 불렀던 노래들은 달랐다. 때로는 두세 사람으로 구성된 무리들이 노래했다. 때로는 많은 사람이 모인 무리들이 노래했다. 나는 한 무리의 많은 사람이 원형극장에 모여있는 것을 보았다. 그들은 공중에 서 있는 것처럼 보였다. 그들은 우리가 지구에서 부르는 노래들과 비슷한 노래들을 부르고 있었다.

내가 기억하고 있는 유일한 천국의 노래는 "왕이 오시네"이다. 그러나 이 제목은 "왕이 오셨네"라는 노래 제목과는 약간 다르다. 그들은 천국의 풍경에 관한 전체 이야기를 노래로 불렀다. 이것은 내가 들어본 노래 중 가장 아름다운 노래였다. 나는 이 노래를 들었던 것을 기억한다. 하지만 지금은 가사 전체를 기억할 수 없다.

당신이 천국을 방문했다가 지구로 다시 돌아오면, 천국에서 들었던 것을 이해할 수 있는 능력을 잃어버리게 된다. 당신은 그

중의 다수를 망각하게 되는데, 이는 당신이 그것들을 표현할 지구상의 어휘가 없기 때문이다.

하나님의 보좌로 더 가까이 갈수록, 더 많은 사람이 합창하는 것을 보았다. 나는 5만에서 6만 명으로 구성된 합창단이 기억난다. (내가 그곳에 있는 동안에는 정확한 수를 알고 있었지만, 지금은 기억나지 않는다.)

그들은 가장 낮은 베이스와 가장 높은 소프라노로 노래했다. 이 세상에 있는 어떤 베이스와 소프라노도 그들처럼 부르지는 못한다. 그들의 노래는 천국 전체에 아름답게 울려 퍼졌다. 이것은 천국의 언어로 불리는 음악이었다.

천국의 언어와 인간의 언어

천국에서는 당신이 원할 때는 언제나 천국의 언어를 말할 수 있으며, 천국에 있는 사람들은 당신이 하는 말을 완전하게 이해할 수 있다.

나는 어떤 사람들에 의해 발언된 러시아 말 같은 것을 들었다. 하지만 러시아어를 몰랐던 나의 지인들은 그들에게로 다가가서 러시아어로 완전하게 말했다. 이 사람들은 또한 천국의 방언도 말했고, 완벽한 영어도 말했다. 당신이 천국에 가면 천국의 언어를 포함하여 인간의 모든 언어를 구사할 능력을 갖추게 될 것이다.

천국의 의복

천국에는 창고들이 있다. 그것들은 문을 통과하여 들어가는 사람들을 위해 특별히 준비된 독특한 창고들이다. 창고 중에는 한 남자와 한 여자의 혼인을 상징하는 '다이아몬드'들이 보관된 보석창고가 있다. 내가 들어갔던 창고는 특별히 내 취향에 맞는 양복들과 연미복들만 있었다. 다른 창고에는 태초 전에 만들어진 옷감들이 있었다. 이것들은 선반 위에 놓여 있었으며, 방금 놓인 것처럼 청결하게 보관되어 있었다. 물론, 그것들은 다른 사람을 위해 준비된 것이기 때문에 아무도 그것들에 손대지 않을 것이다.

나는 사람들이 모이는 지역문화회관 같은 장소를 보았다. 수천 명의 여자가 공원 같은 곳에 설치된 테이블과 긴 의자에 앉아 있었다. 그들의 중앙에는 아름다운 옷들이 쌓여 있었다. 그들은 옷을 만들고 있었다. 하지만 그들의 손에는 바늘이나 실이 들려 있지 않았다. 그들은 단지 천 조각들을 한데 모으고서 그것들이 어떤 옷의 형태가 되라고 말하기만 했다. 천 조각들은 여자들이 말한 대로 만들어졌다. 그 여자들은 곧 천국에 들어올 사람들을 위해서 겉옷들을 만들고 있었던 것이다.

나는 그 겉옷들이 천국에 쌓인 상이라고 믿는다. 하나님께서는 우리가 세상에서 하나님께 드린 것들, 즉 오직 하나님께서만 아시는 우리의 은밀한 예물들에 대한 상을 천국에서 주신다. 하나님께서는 우리가 은밀하게 드린 것이 무엇인지를 아신다. 나는 이것을 천국에서 보았다.

"너는 구제할 때에 오른손이 하는 것을 왼손이 모르게 하여 네 구제함을 은밀하게 하라 은밀한 중에 보시는 너의 아버지께서 갚으시리라"(마6:3,4)

천국의 의복은 다양하다. 어떤 사람들은 특이한 바지와 순백의 니트 스웨터를 입고 있었다. 내가 본 어떤 의상은 밝은 노랑이었다. 하지만 나는 다른 색깔의 옷들도 보았다. 나는 천국의 사람들이 지구의 사람들이 입는 옷들과 비슷한 옷들을 입고 있는 것을 보았다. 그러나 천국의 옷들은 훨씬 비싸 보이는 것들이었다. 또한, 나는 우리가 천사들이 입고 있을 것으로 생각하는 길게 늘어진 원피스를 입고 있던 사람들도 보았다. 의복은 천국의 재료로 만들어졌다.

나는 주님을 한참 동안 보았다. 주님께서는 소매 끝과 깃 주변에 금이 둘려 있는 옷을 입고 계셨다. 주님께서는 금 허리띠를 매고 계셨고, 금이 달린 긴 겉옷을 입고 계셨다. 나는 다양한 사람들이 입고 있던 굉장한 장식들이 달린 옷들이 얼마나 아름다운지를 말로 표현할 수 없다. 천국의 옷들이 이토록 아름다운 것은 기름 부음 때문이다. 나는 천국 어디에서도 장신구를 착용한 사람들을 보지 못했는데, 이는 장신구가 필요하지 않기 때문이다. 하나님의 임재의 빛이 사람들을 아름답게 만들어준다.

Chapter 10.
천국의 전망대와 차임

"이러므로 우리에게 구름 같이 둘러싼
허다한 증인들이 있으니 모든 무거운 것과
얽매이기 쉬운 죄를 벗어 버리고 인내로써
우리 앞에 당한 경주를 하며"

(히12:1)

지구가 내려다보이는 전망대
다이아몬드와 같고 다양한 색상의 차임
천국의 상급 보관소

지구가 내려다보이는 전망대

나는 사람들이 무리를 지어 모여 있던 곳들을 지나서 걸었다. 나는 그들이 말하는 소리를 들을 수 있었다. 그 소리는 공항이나 기차역에서 누군가를 기다리는 사람들이 와글거리는 소리와 같았다. 그들은 누군가를 기다리고 있었음이 분명하다. 또한, 그들은 뭔가를 준비하고 있었다.

"그가 이것을 좋아할 줄 알기에 준비한 거예요."

"그가 여기에 와서 이것을 볼 때까지 기다립시다."

그들은 자기 가족이나 친구를 위해 주택을 준비하는 것에도 참여했음이 분명하다. 그들은 곧 도착하게 될 사람에 관해서 말하고 있었다. 오, 그들은 누군가가 본향으로 돌아오는 것을 기대하며 매우 기뻐하고 있었다!

이미 말했듯이, 천국에는 안내센터들이 있으며, 안내센터들은 사람들로 하여금 가족이 언제 천국에 들어오게 되는지를 알려준다. 이 안내센터들은 뒤쪽에 반원형 반향 장치를 한 야외 음악당과 같은 모양이었다. 단, 그것들은 영광의 구름으로 만들어졌다는 것이 다르다. 안내센터들은 견고하게 만들어졌지만, 당신은 그것들을 통과해서 볼 수 있다. 그것들은 내부로부터 엄청난 양의 영광과 더불어 빛들을 발하여 어디든지 투과하는 듯했다. 그 빛들은 모두 다른 색깔들이었으며, 마치 황갈색과 금색의 불꽃이 터져 나오는 것 같았다. 또한, 섬광과 방향(하나님의 향기)이 있었다.

이 야외 음악당 같은 장소에서 누군가가 사람들의 귀향 소식을 전하고 있었다. 군중 속에는 엄청나게 많은 사람이 있었다. 그리고 나는 한 교회에서 오랫동안 목회했던 목사가 천국으로 귀향하고 있다는 것을 초자연적으로 알았다. 그는 안내센터로 가는 중이었다. 그는 이미 휘장 안으로 들어왔고, 사람들 가운데는 큰 기쁨과 경탄의 소리가 울렸다.

천국에는 지구에서 일어나는 일들을 내려다볼 수 있는 전망대들과 옥외 관람석들이 있다. 사람들은 거기로 와서 기도가 응답되는 것을 지켜보고 있었다. 그들은 "구름 같이 둘러싼 허다한 증인들"이다. "이러므로 우리에게 '구름 같이 둘러싼 허다한 증인들'이 있으니 모든 무거운 것과 얽매이기 쉬운 죄를 벗어 버리고 인내로써 우리 앞에 당한 경주를 하며"(히12:1).

천국의 사람들은 지구에서 일어나는 출생 장면들과 결혼식 장면들을 지켜보고 있다. 그들은 우리를 격려하고 용기의 말을 외치는 응원단이다.

다이아몬드와 같고 다양한 색상의 차임

나는 천국에 있는 차임들(chimes)을 보았는데, 그것들은 매우 크고 아름다운 소리를 냈다. 차임들은 다이아몬드처럼 생겼고, 크기는 양방향으로 4.5미터 정도였다. 차임들은 약 150미터 높이의 단단한 다이아몬드로 만들어진 장대에 고정되어 있었다. 어떤 사람도 그 차임들을 울리지 않았다. 다만 천사들이 차임들을 스칠 때에만 20분 정도 울렸다. 차임들이 울리면 사람들은 그 소리에 맞춰 노래를 불렀다.

차임들은 마치 거대한 첨탑과 비슷하다. 그것들은 나무처럼 어디에나 있었다. 차임 파이프들은 거대하며, 먼 곳에서 들을 수 있을 정도로 깊고 풍부한 소리를 내어 공간을 가득 채운다. 나는 지구에서 누가 구원을 받으면 차임들이 울린다는 말을 천사들에게서 들었다.

천국을 보던 중에 돌연 수백 미터 또는 수천 미터 상공으로 올라가 있는 나 자신을 발견했다. 높은 곳에서 아래를 내려다보니 많은 차임을 볼 수 있었다. 그것들은 다양한 색깔들로 이루어져 있었다. 차임 중의 몇 개는 내부로부터 영광이 뿜어져 나오고 있었다. 그것들은 마치 수정 왕관과 비슷했고, 아름다운 소리를 냈다. 그 소리는 오르간을 계속 연주하는 것과 같았다.

차임들은 누군가가 구원받을 때마다 크고 아름다운 노래를 울렸다. 나는 또한 천국의 전망대들 가까이에 있는 차임들도 보았다. 그곳에는 차임들이 달린 큰 탑이 일곱 개가 있었다. 하나님의 성도들은 전망대들에 올라가서 하나님께 기도하고 경배하기 시작했다. 그들은 지구를 내려다볼 때에 자신들이 소망하던 것들이 성취되는 것을 볼 수 있었다. 또는, 그들은 부흥회가 열리고 있는 곳을 내려다보면서 "전도자님, 복음을 증거하세요."라고 말했다. 그들은 지구에서 드려지는 예배에 참여했고, 그들 뒤에 있던 차임들은 가장 아름다운 하늘의 소리, 곧 경배와 찬양의 소리를 울리기 시작했다.

내가 천국에서 영광의 노래가 불리고 아름다운 음악이 연주되는 것을 들었을 때에, 이 지구에는 부흥회들이 열리고 있었다. 나는 우리가 천국의 전망대 근처에 있던 차임들의 소리를 들었다고 믿는다. 부흥회에서 드려지는 우리의 찬양과 경배는 천국에서 아래로 내려오는 찬양과 경배와 섞이기에 충분할 만큼 높게 올라갔다. 그러자 성령님의 기름이 한결같이 부어졌다. 오, 그리스도 예수와 더불어 높은 장소들에 앉혀지는 것의 기쁨이여! 만약 우리가 성령님 안에 거하기 위해 대가를 지불한다면, 이러한 천국의 장소들에 앉혀지는 경험을 할 수 있다. 이것이 바로 성경이 의미하는 바이다.

"또 함께 일으키사 그리스도 예수 안에서 함께 하늘에 앉히시니"(엡2:6)

천국의 상급 보관소

오른편에서 나를 인도하던 천사는 천국에 있는 상급 보관소(rewards department)에 관해서 말해주었다. 나는 상급 보관소에 가보지 못했다. 하지만 이것에 관해서 설명을 들었고, 다른 사람들이 이것에 관해 말하는 것을 들었다.

상급 보관소는 우리가 천국에서 받아야 할 상의 기록들을 보관하는 건물이다. 다시 말해 이곳은 우리가 어떤 이유로 지구에서 받을 수 없는 상의 리스트가 보관된 곳이다. 우리가 천국에서 받게 될 상 중에는 우리가 다른 사람을 구제하거나 주님께 드린 예물에 대한 것이다. 우리는 우리 마음에 있는 사랑과 긍휼 때문에 우리보다 더 궁핍한 사람들에게 우리의 것을 나누어준다. 우리가 지구에서 베푸는 것은 천국에서 상으로 돌려받게 된다.

나는 큰 건물로 인도받았다. 그 건물은 천국에 있는 여느 건물보다 큰 것이었다. 그 건물에는 많은 방이 있었으며, 아름답게 장식되어 있었다. 가구는 형용할 수 없을 만큼 비범했다. 나는 등받이와 발판이 조절되는 안락의자와 비슷한 의자를 보았다. 나는 그 의자에 앉지 않았지만, 다른 사람이 앉아 있는 것을 보았다. 그가 의자에 앉아 있을 때에, 의자는 그의 주변을 감싸듯 변형되어서 그에게 엄청난 편안함을 제공했다.

그에게 책 한 권이 주어졌다. 그는 자기 주변에 있던 사람들이 들을 수 있도록 큰 목소리로 읽기 시작했다. 나는 그가 무엇을 읽고 있었는지 알지 못한다. 그가 읽는 것을 들을 수 있도록 허락되지 않았기 때문이다. 그러나 그의 책 읽는 소리를 듣던 모든 사람은 미소를 지으면서 하나님을 찬양하고 있었다. 진정 나는 지구에 사는 한 크리스천 남자의 열망들과 소망들이 이 책에 기록되어 있다는 느낌을 받았다. 계획들은 이 책에 기록된 대로 진행되고 있었다. 그가 다른 사람들을 축복한 방법대로 천국에서 복을 받을 것이다. 그리고 그들은 그가 천국에 들어오면 살 주택을 건축할 계획을 짜고 있었다. 그들은 그를 위해서 성스러운 이벤트를 준비하고 있었다. 하나님께서는 그를 위한 계획을 그들에게 알게 하셨고, 이 책에 기록하셨던 것이다.

나는 당신이 지구에서 다른 사람들에게 행한 선한 행위들이 천국에서도 그대로 일어난다고 믿는다. 이 건물에는 한 사람의 행위들을 위한 하나님의 의중과 하나님께서 그에게 어떤 방법으로 복을 주실지에 대해 기록되어 있었다. 이 건물은 우리가 하나님으로부터 받고 싶어 하는 것보다 훨씬 많은 복을 하나님께서 주시기를 원하신다는 사실을 보여주었다.

이 큰 건물에는 다른 방들도 있었다. 방들은 거대했으며, 어떤 방의 크기는 설명이 불가하다. 어떤 방에는 천장에 샹들리에가 걸려 있었다. 한 남자가 앉아 있었던 그 첫 번째 방에는 샹들리에가 3개 걸려 있었다. 각 방은 넓이가 수백 미터였다. 샹들리에 3개는 동시에 같은 일을 하고 있었다. 전기는 없었지만 아름답게 빛을 발했다. 내부로부터 빛이 비치고 있었던 것이다. 그것들은 영광나무(Diadem Tree)처럼 다양한 색깔의 빛을 뿜어냈는데, 그 장면은 불이 터져 나오는 것과 거의 비슷했다. 샹들리에들은 빛을 내면서 에너지를 분출했다. 그 에너지는 천국에 있는 모든 것을 관통하는 듯했다. 나는 이것이 하나님의 쉐키나 영광(Shekinah glory of God)이었다고 믿는다. 어린양(예수)은 그 빛, 곧 하나님의 능력과 임재의 빛이시다.

"성 안에서 내가 성전을 보지 못하였으니 이는 주 하나님 곧 전능하신 이와 및 어린 양이 그 성전이심이라"(계21:22)

사람들은 이 거대한 방들 안에서 다른 사람들에게 책을 읽어

주고 계획을 세우고 있었다. 나는 한 사람이 "이제 이 일을 합시다."라고 말하는 것을 들었다. 그가 허공에 손짓하자, 그의 손에서 불 같은 모양의 아크(arc)의 빛이 솟아오르더니 몇 초 동안 공중에서 불꽃을 일으켰다. 나는 '오, 나도 저렇게 하면 좋겠다!'라고 생각했다. 내 옆에 서 있던 천사 중의 하나가 내가 생각하는 것을 소리로 듣고서 나에게 말했다.

"천국에서는 당신이 지구에서 상상하지 못했던 것들을 할 수 있는 능력이 있소. 당신이 그것들을 할 수 있는데, 이는 하나님께서 그것들을 기뻐하시기 때문이오. 천국에서는 지구에서 작용하는 법칙들이 적용되지 않고, 천국의 법칙들이 모든 것을 주장한다오."

나는 우리가 지구에서 행한 것들이 천국에서 상으로 주어지게 된다는 것과 그 상은 우리가 천국에서 모든 것을 할 수 있는 능력을 얻는 것과 하나님께 영광과 존귀와 찬양을 드리는 것을 포함한다는 것을 깨달았다. 또한, 지구에서 상을 얻으려 하지 않는 사람들은 천국에서 가장 큰 상을 얻게 된다는 말을 천사들에게서 들었다. 이 방에 있던 사람들은 주님에 의해 말씀 되고 기록된 책들 속에 있는 다른 사람들의 상을 계획하고 있었다.

그 외에도 많은 방이 있었다. 그러나 나는 다른 방들에 들어가는 것이 허락되지 않았다. 그때마다 나는 "당신은 하나님과 약속이 되어 있소."라는 천사의 온유한 말을 들었다. 그 천사는 "아니오. 당신은 아버지의 일을 생각해야 하오."라고 말했다.

나는 또 하나의 큰 건물을 정말 보고 싶었다. 왜냐하면, 우리가 지구에 사는 동안에 우리의 몸에 필요한 모든 기적이 그 건물 안에 있다는 것을 알았기 때문이다. 나는 이에 대한 천국의 법칙은 모르지만, 하나님께서 우리의 몸에 필요한 모든 것을 창조하셨다는 것은 알고 있다. 그 건물과 또 하나의 큰 건물은 거대한 공장들처럼 보였다. 나는 그 건물들 안에서 무슨 일이 일어나고 있었는지 모른다. 그 건물들에는 굴뚝과 전기선 또는 동력 장치가 없었다. 오직 경배와 찬양만이 그 건물들로부터 들려왔다. 나는 그 소리를 들을 수 있었다. 그리고 수많은 사람은 그 건물들로 들락날락하고 있었다.

그 건물들은 매우 아름다웠다. 뾰족탑과 아치 입구와 기둥들이 건물들 전체를 두르고 있었다. 이것은 천국의 전형적인 건축 양식이다. 나는 멀리에서 하나님의 전, 또는 보좌가 있는 건물을 볼 수 있었다. 보좌가 있는 건물은 천국에서 가장 크고 아름다운 건물이었다. 내가 그 방향을 바라볼 때마다 내 속에서 "나는 하나님과 약속이 되어 있어."라는 생각이 올라왔다.

Chapter 11.
예수님이 나에게 오셨다

"여호와여 주의 인자하심이 하늘에 있고 주의 진실하심이
공중에 사무쳤으며 주의 의는 하나님의 산들과 같고 주의 심판은
큰 바다와 같으니이다 여호와여 주는 사람과 짐승을 구하여 주시나이다
하나님이여 주의 인자하심이 어찌 그리 보배로우신지요 사람들이
주의 날개 그늘 아래에 피하나이다 그들이 주의 집에 있는 살진 것으로
풍족할 것이라 주께서 주의 복락의 강물을 마시게 하시리이다
진실로 생명의 원천이 주께 있사오니 주의 빛 안에서
우리가 빛을 보리이다"

(시36:5-9)

예수님의 명령
모든 평강의 원천
살아있는 방주
만남의 장소

천국에는 어디에나 원천(샘)이 있었다. 그 물은 어디에서 나오는 것일까? 나는 그게 궁금했다. 원천 중의 몇 개는 도시의 한 구획만큼 컸다. 당신은 원천 안을 밝히 볼 수 있다. 샘물은 얼음처럼 보였지만, 수정과 같은 종류였다. 원천 속에 있는 형상들(figures)은 살아서 움직이고 있었다.

예수님의 명령

천국에 있는 수천 개의 원천은 다양한 모습을 묘사해주는 것 같았다. 내가 보았던 조각상 중 하나는 예수님께서 커다란 영광의 유리병에서 영광을 쏟으시는 모습이었다. 그 영광은 두 손을 들고서 그것을 마시려는 아이들과 어른들 위로 쏟아지고 있었다. 그 조각상들은 웬일인지 살아 있었다. 비록 그것들이 돌로 만들어진 것들이긴 하지만 움직이고 있었다. 나는 예수님 자신이 멀리 서 계시는 모습과 내 바로 앞에 있는 원천 위에서 그분의 형상이 움직이고 있는 것을 볼 수 있었다. 나는 '돌이 어떻게 살아서 움직일 수 있지?' 라고 생각했다. 예수님께서는 나를 바라보시며 미소를 지으셨다.

또 다른 원천 주변에는 수백 명의 사람이 서서 구경하고 있었다. 그 물은 수백 가지의 다채로운 색깔들로 변했고, 나무들이 있는 아름다운 산들로 흘러갔다. 그 물은 공중으로 솟구치더니 원천 위로 안개처럼 내려왔다. 나무들에 매달린 안개는 크리스마스트리에 장식된 스팡클처럼 반짝였다. 그럼에도 불구하고,

산 위에 있는 나무들은 가장 생생한 녹색과 여러 다양한 색깔들을 비추었다. 물은 지구에 있는 물과는 달랐다. 하지만 물은 당신이 원하는 것은 무엇이든 해주는 물이었다. 물은 차갑지 않은 얼음으로 변했다. 나무들 위에는 눈부신 얼음층들이 덮여 있었다.

나는 물이 어디로 흘러가는지 말할 수 없다. 땅에는 송수관이 따로 없었다. 원천들에는 배관 공사가 필요 없음이 분명했다. 천국에는 화장실이 없다. 내가 천국에서 보았던 주택들에는 화장실이 없었다. 당신은 천국에서 음식을 먹을 필요가 없지만, 만약 음식을 먹었어도 더는 화장실에 가지 않아도 된다. 또한, 당신은 천국에서 목욕할 필요가 없다.

이처럼, 천국에는 전기가 없지만 어디에나 커다란 샹들리에를 비롯하여 빛을 내는 전구들이 있었다. 천국에는 어떤 것도 그림자를 만들지 않는다. 빛이 모든 방향에서 쏟아지기 때문이다. 천국에는 그림자가 없는 것과 같이, 감정적인 어두운 그림자나 영적인 괴로움도 없다. 천국에는 변덕스러움이나 실패의 그림자가 없다. 천국에는 어떤 것도 결핍할 수 없다. 그것들은 영원히 존재하기 위해 창조되었다.

"온갖 좋은 은사와 온전한 선물이 다 위로부터 빛들의 아버지께로부터 내려오나니 그는 변함도 없으시고 회전하는 그림자도 없으시니라"(약1:17)

나는 하나님의 보좌로 더 가까이 갈수록 더 놀라운 것들을 보았다.

"내가 내 백성을 사랑한다고 전하거라."

나는 예수님께서 나에게 다가오시는 것을 보았다. 나는 그 자리에 멈췄고, 천사들은 몇 미터 뒤로 물러나서 차려 자세로 섰다. 그리고 그들은 예수님께 몸을 숙여 경배했다가 바로 섰고, 주님을 사랑하는 얼굴로 다시 차려 자세로 섰다. 예수님께서는 내 방향으로 걸어오셨다. 나는 마치 죽은 사람처럼 얼굴을 땅에 대고 엎드렸다. 주님께서는 내 앞에 멈추셨다. 나는 주님의 두 발에 생긴 못 자국들을 보았던 것을 기억한다. 못 자국들은 아름답고 아름다우신 예수님의 내부로부터 빛을 발했다. 주님께서는 나를 위해서 고난을 당하셨다! 나는 할 말이 없었다.

결국, 주님께서는 나를 어루만지셨고, 나는 일어설 수 있었다. 나는 일어서거나 그분의 얼굴을 바라볼 가치가 없다고 느꼈다. 주님께서는 내 볼을 어루만지시면서 말씀하셨다.

"아들아, 나를 보아라. 나는 너를 사랑하노라. 비록 네가 불순종하고, 내가 너에게 하라 한 것을 하지 않았어도, 나는 여전히 너를 사랑한다. 나는 네가 내 백성에게로 가서 천국이라고 불리는 이곳에 관해서 증거하기를 소망하노라. 나는 네가 내 백성에게로 가서 내 아버지께서 그들을 위해 만드신 이 영광스러운 것들에 관해서 증거하기를 소망하노라. 그리하면 그들이 이곳에 오고 싶어 할 것이니라. 나는 다른 무엇보다 이 일을 위해서 너를 택하여 기름을 부었노라."

예수님께서는 내 손을 잡으시고 걷기 시작하셨다. 마치 아버지가 어린 자녀의 손을 잡고 걷는 것과 같았다. 우리는 조금 더 걸어갔다. 주님께서 다시 말씀하셨다.

"너에게 할 말이 많구나. 내가 너에게 곧 다시 올 것이다. 나는 너에게 해줄 다른 말이 있노라. 하지만 지금은 네가 더 많은 것을 보아야 할 때이니라. 너는 더 많이 보고 더 많이 경험해야 하느니라. 내 백성에게로 가서 내가 곧 다시 올 것이라고 말하여라. 나는 그들을 사랑한단다."

그러고는 나를 안아주시고서 볼에 입맞춤을 해주셨다.

"나는 너도 사랑하노라."

주님께서는 내 앞에서 내 두 손을 잡으셨다. 나는 주님의 두 손에 난 못 자국들을 보았다. 손등에는 구멍이 나 있었고, 구멍에서는 아름다운 빛이 나오고 있었다. 나는 주님의 손에 내 이름이 기록된 것을 보았다. 마치 칼로 내 이름을 새겨놓은 것과 거의 흡사했다.

주님께서는 "보아라. 네 이름을 내 손에 새겨놓았노라." 하고 말씀하셨다. 나는 이 말씀을 듣고서 성경의 구절을 깨달았다.

"내가 너를 내 손바닥에 새겼고 너의 성벽이 항상 내 앞에 있나니"(사49:16)

주님께서는 나를 다시 바라보시면서 말씀하셨다.
"나중에 더 말해줄 것이 있노라."
그러고는 다시 말씀하셨다.
"이 천사들과 함께 가거라. 그들은 네게 더 많은 사람과 더 많은 것을 볼 수 있도록 인도해 줄 것이니라. 내 아버지께서 나를 기다리고 계시느니라. 가보아야겠구나. 나는 항상 아버지께 순종한단다."
예수님께서는 돌연 사라지셨다. 내 눈앞에서 사라지셨던 것이다. 그 순간, 나는 주님께서 보좌로 가는 길로 행하던 다른 사람들과 같이 걸으시면서 말씀하시는 것을 먼 곳에서 보았다.
천사들이 내 곁으로 다시 왔다.

모든 평강의 원천

나는 천국에서 이 경이로운 경험들을 하면서 평화와 평안을 느꼈다. 천국의 평화와 평안은 지구에 사는 사람들이 절대로 맛보지 못하는 것이다. 절대로.
나는 몇 번이나 먼 곳에 있는 산처럼 큰 원천을 보았다. 그 원천을 표현할 수 있는 적절한 단어를 찾지 못했지만, 최선을 다해서 표현해보고자 한다. 그 원천은 매우 높은 곳에 있었으며, 둘레가 16킬로미터 정도 되는 것 같았다. 꼭대기에는 또 하나의 예수님의 살아있는 조각상이 있었다. 조각상의 두 손에는 성찬용 잔이 들려 있었는데, 성찬용 잔을 먼 곳에 있는 하나님의 보좌를 향하여 들어올리고 있었다. 조각상이 들고 있던 컵에는 우리의 구세주께서 갈보리 언덕에서 흘리신, 진정한 생명의 피가 넘쳐 흐르고 있었다. 조각상은 산 위의 공중에 떠 있었다.

갈보리 십자가의 모형도 거기에 있었다. 예수님의 조각상은 그 모형 십자가 위에 있지 않았다. 예수님께서는 십자가를 주관하시는 분이시다. 예수님의 조각상과 갈보리 십자가 밑에는 일곱 층으로 장면들이 투명하고 살아있는 순백의 돌에 조각되어 있었다.

그 장면들은 잃어버린 영혼들의 구원을 위해 갈보리에서 지불하신 값에 대한 것들이었다. 하부에 조각된 장면들은 인류의 구속사 이야기를 하고 있었다. 다시 말하지만, 조각된 장면들은 살아 있었고, 그리스도께서 지구에 사셨을 때의 전 생애를 반복적으로 보여주고 있었다. 이에 관해서는 내가 여기까지 설명한 이상으로 설명할 방법이 없다. 나는 오직 본 것만을 말할 수 있을 뿐이다.

성찬용 잔에서 부어진 피는 살아있고 순수하고 맑고 깨끗한 물이 되었다. 이 물은 마치 태양빛을 받은 보석들이 반짝이는 것같이 반짝였다. 나는 천사들로부터 그곳에 하나님의 평강의 영광 구름이 있다는 말을 들었다. 그것은 하나님의 임재의 평강이며, 모든 지각에 뛰어난 평강이었다(빌4:7 참조).

이곳은 천국에서 세 번째로 가장 아름답고 영광스러운 장소였다. 내가 보았던 첫 번째로 가장 아름다운 장소는 하나님께서 앉아 계시는 하나님의 보좌였다. 이와 같이, 두 번째로 가장 아름다운 장소는 주 예수님께서 앉아 계시는 보좌였다.

세 번째는 모든 평강의 원천이었다. 그곳에는 수백만 명의 사람이 영광 가운데에서 빛을 발하고 있는 것처럼 보였다. 영광은 천국 전체와 모든 존재에게로 퍼졌다. 나는 내 삶에 역경이 몰려올 때마다 하나님의 평강의 원천을 생각한다. 그러면 다시금 완전한 평강을 느끼게 된다.

살아있는 방주

나는 만남의 장소에서 나를 기다리는 사람들이 있다는 말을 천사들에게서 들었다. 천사들은 나를 그곳으로 인도하여 가려고 열망했다. 나는 온몸으로 퍼지는 진동과 더불어 마음이 몹시 흥분되었다. 나는 내 주변에 있던 사람들도 나처럼 내면 깊은 곳까지 기뻐하고 있다는 것을 깨달았다. 그 느낌은 황홀했다.

나는 그곳에서 무엇을 보게 될지 궁금했다. 돌연 예수님께서 다시 나타나셔서 천사들에게 지시하셨다.

"그를 살아있는 방주로 가는 길로 인도하여라."

그리고 우리는 눈 깜짝할 사이에 그곳에 가 있었다.

나는 원래의 언약의 방주와 똑같이 생긴 너벅선 앞에 서 있는 나 자신을 발견했다. 또 하나의 그리스도의 살아있는 조각상이 방주 위에 매달려 있었고, 그분의 보혈이 방주 주변으로 뚝뚝 떨어졌다. 다른 말이 필요 없다. 나는 감사의 눈물을 흘렸고, 수천 명의 사람도 나처럼 감사하며 눈물을 흘렸다. 이것은 하나님의 사랑에 관해 기념하는 것이었다.

만남의 장소

일곱 번째 생일 이후부터, 나의 삶은 하나님을 연속으로 경험하고 있다. 나는 하나님께서 나를 택하신 이유를 절대 알지 못한다. 왜냐하면, 나는 당신이 본 사람 중에서 가장 평범한 사람일 것이기 때문이다. 내가 하나님께 쓰임 받는 것은 오직 나의 삶을 향한 하나님의 뜻일 뿐이다. 나는 나와 비슷한 경험들을 한 하나님의 사람들을 만나보았는데, 그들도 자신들이 하나님의 택하심을 받은 이유를 알지 못하기는 마찬가지였다. 하나님 홀로 그 이유를 아신다.

나는 지구에서 하나님과의 매우 강력한 만남을 가질 때에 천국으로 끌려 올라간 적이 있었다(역주: 이때는 환상체험이다). 나는 천국에서 초자연적인 평강을 얻었다. 평강의 경험은 다시금 반복되고 있었던 것이다.

천국으로 들려 올라갔을 때에 하나님의 성으로부터 먼 곳에 있는, 수목으로 덮인 장소에 갔었다. 그 장소는 아름다운 시골 안에 있었으며, 주택가로부터 1.5킬로미터 정도 떨어진 곳이었다. 우리가 이 수목으로 덮인 장소의 도로 위를 걷고 있을 때에 수백 명의 사람이 즐거운 재회의 파티를 즐기고 있었다. 모든 사람의 눈에서 기쁨의 눈물이 흘러내렸다.

나는 몇몇 사람들이 파티를 멈추고서 내가 서 있었던 방향을 쳐다보다가 "저기에 리처드 형제님이 있어요."라고 말하는 것을 보았다. 나는 우리가 예전에 어딘가에서 열린 부흥회에서 만난 적이 있다는 것을 느꼈다. 그래서 나는 그들에게 손을 흔들면서 "하나님의 은총이 있기를 빕니다."라고 말했다.

약 여섯 살 정도 되는 남자아이가 나를 향해 달려오더니 나를 껴안았다. 아이는 물었다.

"저를 기억하시나요?"

처음에는 그 아이가 누군지 기억나지 않았다. 하지만 조금 후에 그 아이가 누군지 기억났다. 하나님께서 갑자기 나로 하여금 기억하도록 하신 것이다. 천사들은 미소를 지었다. 나에게 주로 말하던 천사가 나에게 말했다.

"이 아이는 한때 지체부자유 아동이었는데, 당신의 기도를 받고서 걸을 수 있게 되었소."

"예 맞습니다. 이제 기억이 납니다." 내가 말했다.

"저는 여기에 막 도착했어요. 예수님께서 저에게 오셔서 저를 이곳에 오도록 하셨어요. 더는 아프지 않아요." 아이가 말했다.

사람들은 "주님께 영광을!"이라고 소리치기 시작했다. 나는 그들이 소리치는 것을 볼 때에 지구에서 부흥회가 열릴 때의 기쁨이 떠올랐다.

"나중에 다시 뵐게요." 아이는 이 말을 하고서 근처에서 놀고 있던 다른 아이들에게로 뛰어갔다.

후에 나는 어떤 원형극장으로 이끌려 갔다. 원형극장 안에는 한편에 의자들이 있었다. 천장을 보니, 마치 영화 극장과 같았다. 무대가 있어야 하는 곳에는 바닥에서 천장까지, 그리고 한편에서 다른 편으로 창이 닿아 있었다. 당신은 그 창을 통해서 천국 전체를 볼 수 있다. 그 광경은 경이로웠다.

모든 사람은 하나님의 온전하고 잠잠한 사랑 속에서 누군가가 자신들에게 말하기만을 기다리고 있었다. 천사는 그곳에 있던 사람들이 아무 말 하지 않는 것처럼 나도 침묵해야 한다고 말해주었다. 사람들이 그곳에 앉아 있었던 목적은 천국의 아름다움을 보는 것인 듯했다. 천사는 그곳이 만남의 장소라고 말해주었다. 그곳은 사람들이 세상에서 가지고 있던 모든 걱정을 씻어내는 장소였다. 모든 사람은 천국의 영광으로 자신들의 걱정을 씻어내고서 그곳을 떠났다.

후에 나는 내가 전에 이곳으로 이끌려 왔던 이유를 알게 되었다. 내가 환상 가운데 천국에 왔을 당시에는 세상에서 마귀와 전쟁하던 중이었다. 나는 천국에서 평강과 고요를 느꼈고, 내가 겪고 있었던 문제는 평강과 고요로 인해 녹아서 없어졌다. 나는 엎드렸고, 내 안의 영은 "거룩하시도다. 거룩하시도다. 거룩하시도다."라고 부르짖었다. 이것은 "말할 수 없는 영광스러운 즐거움"(벧전1:8)이었다.

Chapter 12.
하나님의 성

"하나님의 성이여 너를 가리켜
영광스럽다 말하는도다"

(시87:3)

눈 덮인 산과 영광의 바다
천국의 수도(Capital)
쉐키나(Shekinah) 영광

나는 다른 사람들이 날아다니는 것을 보았다. 하지만 나는 도로 위를 걸어서 이 지점까지 왔다. 이제 나에게 뭔가 색다른 일이 벌어졌다. 내가 공중으로 떠오른 것이었다. 나는 구름처럼 생긴 것들을 통과하여 위로 올라가고 있었다. 하지만 구름처럼 생긴 것들은 사람들의 무리들이었다. 나는 성 전체를 볼 수 있었다. 더 높이 올라갈수록, 천국을 더 많이 볼 수 있었다. 천국의 성은 바쁜 곳이었다. 나는 멀리에서 하나님의 보좌를 볼 수 있었다.

눈 덮인 산과 영광의 바다

천국에는 15,000미터 높이의 산들이 있었다. 그 산들은 기온이 항상 온화하지만 절대로 녹지 않는 눈이 있었다. 나는 어떤 산의 아래로 이끌려 갔다. 산들은 계단식 공원들로 덮여 있었다. 천사는 그곳에 "탈것들"이 있다고 말했다. 이 탈것들은 보트처럼 하늘 위를 떠다녔다. 그것들은 조각된 나무와 금속으로 만들어진 것들이었다. 사람들은 탈것들 안에 앉아서 그것들이 떠다니는 동안에 서로 대화했다. 그들 가운데에는 천사들이 함께 여행하면서 그들을 축복하고 있었다.

나는 바다, 즉 하나님의 영광의 바다로 이끌려 갔다. 바다는 맑고 깨끗했고, 바닥이 없어 보였다. 물 위와 물 아래에는 수백만 명의 사람이 있는 것처럼 보였다. 이미 기록했던 것처럼, 한 사람도 물속으로 가라앉지 않았다. 사람들은 물아래에서 놀고 있었다. 한 남자가 바다의 바닥에 바위들로 성을 쌓았다.

천국에는 공중에 탈것들이 떠다니듯이, 대양들과 바다들과 네 강 위에 떠다니는 탈것들이 있다. 그것들은 물 위를 떠다니는 보트와 비슷했다. 어떤 것들은 매우 컸다. 어떤 것들에는 손으로 새겨진 성경 구절들이 있었다. 어떤 것들은 천사들에 의해서 인도를 받았다.

또한, 천국에는 황금길 위를 다니는 도로용 탈것들이 있다. 그것들은 사람들이 타고 다니면서 우정을 나눌 수 있게 하려고 존재하는 듯했다.

천국의 수도(Capital City)

공중에서 하나님의 성을 볼 수 있었다. 또한, 천국의 다른 성들도 보았다. 예를 들어, 나는 대양으로 뻗어있는 반도 성인 오아시스를 본 것이었다. 하나님의 성은 천국의 수도(capital city)로 보였다. 하나님의 성은 보좌를 두르고 있었고, 아름다운 아파트처럼 보이는 건물들이 있었다. 나는 한 건물로부터 폭포가 시작되는 것을 보았다. 하나님의 성 변두리에는 마을들이 있었다. 이 마을들은 성의 변두리로부터 수백 킬로미터 떨어진 곳에 있었다. 이 마을들은 지구 상의 마을들처럼 다양한 스타일로 이루어져 있다. 하지만 천국의 마을들은 깨끗하고 아름다웠으며, 어디든지 원천들이 흐르고 있었다. 나는 지면으로부터 수천 미터 공중에 떠 있는 건물들을 보았다. 내가 공중에 높이 떠 있었을 때에 이 마을들이 완전한 화성(harmony)으로 노래하는 것을 들었다.

천국의 상공은 층이 나누어진 것처럼 보였다. 수만 미터 높이의 층이 있었으며, 또 하나의 수만 미터의 층이 있었다. 나는 그 층들의 크기가 얼마인지 정확히 알 수 없다. 나는 9,000미터에서 12,000미터 상공으로 뛰어 올랐지만, 이것은 공중에서 뜀뛰기 정도에 불과했다.

천국에서는 순식간에 어디든지 여행할 수 있다. 당신은 공중을 걸어서 천국의 모든 곳을 여유 있게 산책할 수 있다.

쉐키나(shekinah) 영광

어디를 가든지 천사들과 사람들이 있었다. 어떤 곳에는 소수의 천사와 사람이 있었고, 어떤 곳에는 다수의 천사들과 사람들이 있었다. 그들은 서서 크게 기뻐하고 경배하면서 서로 이야기를 나누고 있었다. 그들은 사랑하는 가족이 천국에 들어오거나 주님께서 자신들에게 약속하신 것들이 성취될 때에 기뻐하며 웃었던 것이 분명하다. 그들은 항상 예수님에 관해서 말하고 있었다. 나는 예수님께서 사람들이 모여 있는 곳들을 왔다 갔다 하시는 모습을 볼 수 있었다.

천국에는 안내센터로 사용되는 강당이 있었다. 주님께서는 강당의 무대 위에 서 계셨다. 주님께서는 나와 함께 계셨지만, 나는 주님께서 공중을 걸어 다니는 사람들의 무리와 함께 계시는 것도 보았다. 예수님께서는 천국의 어디에서나 계시다. 그때 주님께서는 그 강당의 무대 위에 계셨는데, 청중석에는 1천만 명의 사람이 앉아 있는 것 같았다. 나는 주님을 보았고, 주님께서는 그곳에 항상 계셨다.

무대는 아름다웠다. 무대 위에는 보좌가 하나 있었다. 나는 이것이 스데반이 순교할 때에 예수님께서 돌연 일어서시기 전에 앉아 계셨던 보좌라고 믿는다. 그곳에는 단상이 없었지만, 금과 은과 각종 보석으로 장식된 장소가 있었다. 강당 안에는 향기, 곧 형용할 수 없는 냄새인 하나님 자신의 향기가 났다.

강당 위는 하늘로 열려 있었다. 그곳에는 관람석이 있었고, 아름답게 조각된 의자들이 있었다. 의자들은 앉기에 굉장히 편안한 것들이었다. 당신이 천국에서 앉게 될 의자들은 영원히 앉아 있어도 불편함이 없는 의자들이다.

주님께서는 다시금 돌연 금, 상아, 은, 기타 내가 모르는 보석들로 만들어진 무대 위에 나타나셨다. 나는 천국 도처에 안내를 위한 강당들이 있다는 말을 들었다.

천국 어딘가에는 하나님이 사람이 되신 기적, 곧 동정녀 수태 고지 장면과 '예수 탄생'의 구유 장면이 재연되는 장소가 있다. 당신은 천국의 어딘가에서 하나님의 심장박동을 들을 수 있고, 깊고 애정이 깃든 동정심을 느낄 수 있다. 하나님께서는 자신이 약속하신 말씀 안에서 모든 것을 행하실 것이다. 그 아들 예수님은 우리를 대속하기 위해서 모든 것을 기꺼이 희생하셨고, 또한 하실 것이라는 점을 가리킨다.

"자기 아들을 아끼지 아니하시고 우리 모든 사람을 위하여 내주신 이가 어찌 그 아들과 함께 모든 것을 우리에게 주시지 아니하겠느냐"(롬8:32)

우리는 하나님께서 성경에 기록된 내용만 우리를 위해서 행하시는 것의 전부라고 생각하는 것이 일반이다. 즉 하나님께서는 우리를 위해 성경을 기록하셨을 때에 자신을 제한하셨다는 것이다. 하지만 실제는 그렇지 않다. 왜냐하면, 하나님은 무한하신 분이기 때문이다. 우리는 하나님께서 우리를 위해서 궁극적으로 계획하신 것을 우리가 지구에 사는 동안에 모두 이해하거나 모두 받을 수는 없다. 우리는 하나님의 능력을 헤아릴 수 없다. 하지만 천국에는 제한이 없다.

"우리 가운데서 역사하시는 능력대로 우리가 구하거나 생각하는 모든 것에 더 넘치도록 능히 하실 이에게 교회 안에서와 그리스도 예수 안에서 영광이 대대로 영원무궁하기를 원하노라 아멘"(엡3:20,21)

천국에는 어제가 없고 내일도 없다. 천국에는 오직 "지금"만 있을 뿐이다. 천국에서의 "지금 상황"은 예수님이 그 강당에 계시는 것이 필요했고, 예수님께서는 그곳에 계셨다. 예수님께서는 영원히 드려질 것 같은 우레 같은 찬양과 경배를 받으시면서 무대로 걸어가셨다. 정말 영광스러웠다.

예수님께서는 무대에 서서 사람들을 매우 사랑스럽게 바라보셨다. 주님께서 그들을 바라보시고 사랑하시는 모습은 경이로웠다. 당신은 주님에게서 나오는 쉐키나(Shekinah) 영광의 사랑을 느낄 수 있을 것이다. 쉐키나(Shekinah) 영광의 사랑은 놀라웠다. 이 또한 말로 표현할 수 없는 것이었다. 사람들은 서서히 침묵했다. 거룩한 침묵이 강당에 흘렀다. 예수님께서 이제 말씀하시려고 하셨다. 주님께서는 깊고 낮은 음성으로 말씀하시기 시작하셨다. 나는 그 음성을 매우 자주 들었다. 그 음성은 빠르게 흐르는 물소리 같았으며, 냉철했다.

"이스라엘 하나님의 영광이 동쪽에서부터 오는데 하나님의 음성이 많은 물 소리 같고 땅은 그 영광으로 말미암아 빛나니"(겔43:2)

"그의 발은 풀무불에 단련한 빛난 주석 같고 그의 음성은 많은 물 소리와 같으며"(계1:15)

나는 주님께서 무슨 말씀을 하셨는지 기억하지 못한다. 그 말씀을 기억하도록 허락 받지 못했기 때문이다. 하지만 나는 그 말씀의 주제가 영원에 대한 것이라는 점은 알고 있다. 주님께서는 하나님의 영원성과 하나님께서 그 백성을 위해 예비하신 것이 무엇인지를 말씀하신 것이다. 정말 놀라웠다.

Chapter 13.
하나님의 신비

"깊도다 하나님의 지혜와 지식의 풍성함이여,
그의 판단은 헤아리지 못할 것이며 그의 길은 찾지 못할 것이로다
누가 주의 마음을 알았느냐 누가 그의 모사가 되었느냐"

(롬11:33,34)

대륙과 대양
무수한 층
수많은 질문들

당신은 내가 알고 싶은 것이 많았을 것으로 생각할 것이다. 나는 실제로 알고 싶은 것이 많았다. 하지만 나는 천국의 다른 층들을 보았는데, 이에 관해서는 보고서도 도저히 이해할 수가 없었다. 우리가 하늘로 떠오르기 시작했을 때, 천국의 다른 층의 땅과 건물들과 하늘이 보였다. 그러나 첫 번째 층에서는 이것을 전혀 볼 수 없었다.

대륙과 대양

나는 천국에 다른 대륙들과 섬들과 민물 바다와 먼바다가 있다는 것을 초자연적으로 알게 되었다. 바다는 육지에 둘러싸여 있었으며, 대양으로 이어져 있었다. 나는 바다에 관해서 아는 것이 허락되지 않았지만, 바다가 존재한다는 것은 알았다. 나에게 천국은 지구보다 수백만 배나 큰 행성같이 매우 커 보였다. 천국의 사물들은 만져서 알 수 있는 것들이었지만, 물질적인 것들은 아니었다.

무수한 층

만약 천국이 행성이라면, 이것은 하나님의 개인 행성일 것이다. 그리고 만약 천국이 하나님의 개인 행성이라면, 전술한 바와 같이 이것은 많은 층으로 이루어져 있다. 하지만 천국 어디로 가든지, 먼 곳에서도 나는 하나님의 보좌를 볼 수 있었다. 천국은 우주의 중심이며, 만유의 중심이다. 천국은 모든 것이 시작된 곳이다. 경이롭다.

나는 네 개의 층만 보았다. 하지만 층들은 수를 헤아릴 수 없을 정도로 많아 보였다. 크신 하나님이 자기를 위해 큰 천국을 만드셨다. 천국에는 사람들이 가서 볼 수 없는 거대한 장소들이 있다.

수많은 질문들

나는 어떤 이유로 소수의 사람과만 이야기를 나눌 수 있었다. 나는 다른 것들을 보기 위해서 걸어 보고 싶었던 도로들이 있었지만, 허락 받지 못했다. 내가 들어갈 수 없는 건물들도 있었다. 어떤 건물들은 사람들이 절대로 출입을 할 수 없다고 천사가 말했다.

나는 다시금 아이들을 보면서 놀랐다. 아이들은 매우 발달했지만, 여전히 아이들로 남아 있었다. 천국에서는 사람들이 지구에서와는 다르게 성장하는 것이 분명했다.

나는 건축용 목재가 어디에서 공급됐는지 궁금했다. 왜냐하면, 천국에는 베어진 나무가 한 그루도 없었기 때문이다. 누가 벽돌을 만들었을까? 공장 안에서는 무엇이 생산되고 있었을까? 공장들은 정말 거대했다.

나는 왕관나무들이 지구가 창조되기 전에 만들어졌다는 것을 알게 되었다. 나는 왕관나무의 나이를 물어보면 지구의 나이를 알 수 있다는 것을 속으로 생각해보았다. 하지만 이것은 신비로 남아 있었으며, 나는 이것에 관해서 알도록 허락되지 않았다. 왕관나무는 지름이 수 킬로미터에 달했다. 왕관나무는 태초부터 계속 자라고 있는 것일까, 아니면 원래 그렇게 만들어졌던 것일까?

천국의 동물들이 의사 소통하는 방법은 나에게 신비였다. 공중에는 "어메이징 그레이스"(Amazing Grace)를 부르는 새들이 있었다.

나는 천국의 언어와 더불어 모든 언어를 알았으며, 누구와 대화해도 그의 언어를 완전히 이해할 수 있었다. 이게 어떻게 가능할 수 있단 말인가?

숨을 거두지 않고서 천국에 들어온 사람들이 있었다. 나는 다른 사람들이 천국에 관해서 말하는 중에 이에 관해서 언급하는 것을 들었다. 나는 몸이 죽지 않고서 천국에 들어온 사람들을 보았다. 나는 이 신비에 관해서 알고 싶었다.

광활한 땅, 넓디 넓은 대양, 사람들로 가득 찬 투명한 건물, 요리사 없는 부엌, 전선이 없는 공장, 초자연적인 힘을 가진 천사들 등등, 내가 신비롭게 생각했던 것들은 헤아릴 수 없었다. 나는 이것들에 관해서 알고 싶었지만, 아는 것이 허락되지 않았다. 나는 천국에 뭔가 있다는 것을 알았지만, 그것을 알도록 허락되지는 않았다. 나는 내 곁에서 나를 인도하던 천사들에게 계속 물어보았다. 하지만 그들은 한 입으로 "지금은 그것들에 관해서 알 때가 아니오."라는 대답을 했다.

신비들에 관해 알고 싶어서 많은 질문을 하자, 내 오른편에 있던 천사, 곧 나에게 설명을 담당했던 천사가 결국 나를 쳐다보더니 단호하게 말했다.

"하나님의 신비들은, 당신이 알 수 있는 것들이 아니오."

Chapter 14.
예언적인 천국

"이에 내가 보니 흰 말이 있는데 그 탄 자가 활을 가졌고 면류관을 받고 나아가서 이기고 또 이기려고 하더라"

(계6:2)

일곱 예언적 표적
원형 대강당과 기도 금향로
천국의 곡창지대
천국의 말(馬)

천국에는 예언적 장소들이 있다. 그곳들은 장차 다가올 사건들을 묘사해주었다. 나는 심판의 검은 회오리바람을 보았다. 나는 지구상에 일어나는 교회의 부흥과 하나님의 심판을 보았다. 천국에는 콜로라도(Colorado)처럼 산맥과 나무들과 바위들과 강들이 있는 풍경을 가진 예언적인 장소가 있었다. 거기에는 하얀 소나무로 만들어진 설교단이 있었다. 하늘에 뜬 쉐키나(Shekinah) 영광 사이에서 두 손이 나왔다. 오른손은 황금, 곧 하나님의 복이었다. 왼손은 강철, 곧 하나님의 심판이었다.

일곱 예언적 표적

나는 하나님의 영광의 폭포들을 보았다. 한 폭포수는 지구 위로 떨어지고 있었다. 지구에 사는 우리는 그 수준까지 올라갈 수 있다. 우리는 하나님의 영광의 폭포들의 한가운데로 올라갈 수 있다.

그리고 나는 해일, 곧 하나님의 마지막 대 부흥을 보았다. 이 해일은 일곱 층 높이였다. 천사는 나에게 일곱 표적에 관한 예언적 메시지를 말해주었다.

1. 하나님의 마지막 대부흥은 세계 전역에서 밤낮없이 일어날 것이다.
2. 표적과 기사가 증가할 것이며, 영적 전쟁이 일어날 것이다.

3. 물리의 법칙들이 일시 정지하여 기적들이 넘칠 것이다.
4. 사람들은 시간과 공간의 법칙들을 알게 될 것이다.
5. 사람의 지식이 증가할 것이며, 육감적인 것들에 절대로 기대지 않을 것이다.
6. 일곱 번의 해일: 하나님의 마지막 대부흥이 영원의 해변들(the shores of eternity)을 강타할 것이다. 농촌 지방들에 가장 강력한 부흥이 일어날 것이다. 주님께서는 "나는 초라한 곳들에 있는 내 신부를 찾고 있노라. 나는 마구간에서 태어났노라."하고 말씀하셨다.
7. "내 백성은 나의 재림이 있기 며칠 전과 몇 주 전에 깨닫게 될 것이니라."(역주: 재림의 날이 언제인지를 알게 된다는 의미가 아니다.)

이 부흥에는 엄청난 수의 사람들이 관련될 것이며, 사람들로 하여금 주님께 모든 찬양을 드리도록 할 것이다. 이 부흥은 가짜를 뿌리 뽑고 제거할 것이다. 이 부흥은 신실한 사람들을 보호할 것이며, 그리스도의 재림을 미리 알리는 것이 될 것이다.

원형 대강당과 기도 금향로

나는 아브라함의 원형 대강당을 보았다. 이 원형 대강당은 축구 경기장과 비슷했지만, 수백 배 더 컸다. 축구 경기장의 "플레이 필드"(Play Field)와 같은 곳에는 구름이 있었다. 나는 아브라함을 위해, 또한 아브라함 때문에 성취된 모든 언약이 구름 안에 있는 것을 볼 수 있었다. 이 언약들은 유대인들만을 위한 것이 아니라 전 세계를 위한 것이었다.

"베드로가 이르되 너희가 회개하여 각각 예수 그리스도의 이름으로 세례를 받고 죄 사함을 받으라 그리하면 성령의 선물을 받으리니 이 약속은 너희와 너희 자녀와 모든 먼 데 사람 곧 주 우리 하나님이 얼마든지 부르시는 자들에게 하신 것이라 하고"(행2:38, 39)

원형 대강당 안에는 이름이 새겨진 2, 3백만 개의 의자들이 있었다. 사람들은 특정한 언약들이 있었는데, 이 언약들은 다윗의 보좌와 왕들의 계보와 관련된 것들이었다.

모든 왕이 원형 대강당 안에 있었다. 천사들은 사람들에게 그 언약들을 기억나도록 도와주었다.

나는 하나님의 보좌로 가는 길에서 다윗의 원형 대강당을 보았다. 이 건물 안으로 들어가지 않았지만, 옆으로 지나갈 때에 이 건물에 관해서 알게 되었다. 나는 이 건물이 다윗과 그의 자손들이, 언약들이 성취되는지를 보기 위해 들어오는 건물이라는 것을 나의 영으로 느꼈다(당신이 천국에 들어가면 이런 것들을 그냥 알게 된다). 하지만 다윗과 그의 자손들 외에도 누구나 이 건물 안으로 들어갈 수 있었다.

나는 원뿔꼴의 성곽처럼 생긴 건물을 보았다. 이 건물은 기도

센터였다. 천사들은 '빛의 속도'로 아치 현관을 들락날락하고 있었다. 아치 현관 안으로 들어가는 것은 하나님께서 계신 곳으로 들어가는 것이었다. 천사들은 성도들의 기도가 담긴 금향로들을 운반하고 있었다. 그들은 향로 그릇들을 잡고 있었다. 성도들의 기도는 귀하게 다뤄졌다. 어떤 기도도 응답되지 않은 채로 남겨지지 않았다. 심지어는 그릇된 기도도 그랬다. 성도들의 기도는 하나님의 보좌로 운반되었다. 천사들은 성도들의 기도를 하나님 앞으로 운반한 후에 즉시 다른 기도를 운반하기 위해 되돌아갔다.

천국의 곡창지대

나는 한 장소로 이끌려 갔다. 곡식이 경작되고 있는 수백 수천만 헥타르의 땅이 보였다. 천국에는 산들바람에 의해 지속해서 움직이는 거대한 곡창지대가 있다. 이곳은 다양한 곡식들을 초자연적으로 제공하고 있다. 천국에는 예언적인 추수가 있다.

나의 할아버지가 살아계실 때에, 그는 십일조를 드리기 위해 따로 정해놓은 밭이 있었다. 현찰이 없을 때에는 자기가 다니던 교회를 돕기 위해 그 밭에서 자란 곡식을 팔아 얻은 이익을 사용했다. 한때는 가뭄이 들어서 옥수수와 콩이 자라지 못하는 상황이었다. 그래서 그는 이 밭에 밀을 심었는데, 이는 그가 생각하기에 밀은 메마른 환경에서 잘 자란다고 생각했기 때문이다. 가뭄이 극심했던 해에 그 "십일조" 밭은 2.15미터 크기의 밀을 생산했다. 그 지역에 사는 다른 사람들은 그 밭을 보고서 하나님의 손길이 아니고서는 그런 일이 일어날 수 없다고 말했다. 어떤 사람들은 그런 종류의 밀은 생전 처음 보았다고 말했다. 그 밭에서 얻은 수확물은 그 지방에 있던 대형 곡물 창고를 가득 채웠다. 나는 천국에서 이와 같은 밀을 보았던 것이다.

나는 열매를 풍성하게 맺은 수천 수만 그루의 나무를 보았다. 수다한 사람들이 나무들로 와서 열매를 따고 바구니에 담았다. 그들은 천국에 있는 자신들의 집으로 가지고 갔다.

또한, 천국에는 은행이 있다. 우리의 은행이다. 당신이 주님께 무엇이든 드리면, 그것은 천국에 기록된다. 천사들은 신속히 출입구로 간다. 그들은 금화들을 받아서 지구로 가지고 간다. 이 금화들은 우리가 지구에서 필요한 것들로 변화되었다. 천국의 금화들은 초자연적인 재정을 의미한다.

천국의 말(馬)

요한계시록은 주님께서 백마를 타실 것이라고 말씀한다.

"이에 내가 보니 '흰 말'이 있는데 그 탄 자가 활을 가졌고 면류관을 받고 나아가서 이기고 또 이기려고 하더라"(계 6:20)

"또 내가 하늘이 열린 것을 보니 보라 '백마'와 그것을 탄 자가 있으니 그 이름은 충신과 진실이라 그가 공의로 심판하며 싸우더라 그 눈은 불꽃 같고 그 머리에는 많은 관들이 있고 또 이름 쓴 것 하나가 있으니 자기밖에 아는 자가 없고 또 그가 피 뿌린 옷을 입었는데 그 이름은 하나님의 말씀이라 칭하더라 하늘에 있는 군대들이 희고 깨끗한 세마포 옷을 입고 '백마'를 타고 그를 따르더라 그의 입에서 예리한 검이 나오니 그것으로 만국을 치겠고 친히 그들을 철장으로 다스리며 또 친히 하나님 곧 전능하신 이의 맹렬한 진노의 포도주 틀을 밟겠고 그 옷과 그 다리에 이름을 쓴 것이 있으니 만왕의 왕이요 만주의 주라 하였더라"(계19:11-16)

나는 이에 관해서 자주 궁금해했다. 천국에 있는 백마는 실제로 어떤 모습일까?

나는 한 장소로 이끌려 갔는데, 그곳에는 말같이 생긴 초자연적인 동물들이 있었다. 몇몇 말에는 날개가 있었다. 어떤 말은 지구에 없는 능력을 가지고 있었다. 그것들은 공중에서 걸어 다닐 수 있었다.

나는 수천 개의 수레를 보았고, 아름다운 말들이 그 수레들을 끄는 광경을 보았다. 내가 보았던 모든 말들은 하얀색이었다. 그것들은 붉은 발굽을 가지고 있었다. 불같이 빨간 발굽이었다. 그리고 커다란 콧구멍을 가지고 있었다. 천국의 말들은 내가 지구에서 보았던 가장 큰 말보다 10배에서 15배 정도 컸으며, 지방이 없는 완전한 근육질이었다.

천국에는 말의 배설물이 없다. 나는 말이 무엇을 먹을 것으로 생각하지 않는다. 말들은 특정한 목적을 위해서 존재했다. 어떤 말들은 교회의 휴거를 감당할 것이다. 선지자 엘리야는 불수레를 타고 천국으로 올라갔다.

"건너매 엘리야가 엘리사에게 이르되 나를 네게서 데려감을 당하기 전에 내가 네게 어떻게 할지를 구하라 엘리사가 이르되 당신의 성령이 하시는 역사가 갑절이나 내게 있게 하소서 하는지라 이르되 네가 어려운 일을 구하는도다 그러나 나를 네게서 데려가시는 것을 네가 보면 그 일이 네게 이루어지려니와 그렇지 아니하면 이루어지지 아니하리라 하고 두 사람이 길을 가며 말하더니 불수레와 불말들이 두 사람을 갈라놓고 엘리야가 회오리 바람으로 하늘로 올라가더라"
(왕하2:9-11)

나는 주님의 전용 수레가 있다는 것을 당신에게 말할 수 있다. 주님의 수레는 다른 수레들보다 크고 좋았으며, 가장 훌륭한 군마가 끌었다.

천국에는 이외에도 초자연적인 동물들이 더 있다. 나는 거대한 황소의 몸과 낙타의 목과 말의 머리를 가진 짐승을 보았다. 한 천사가 그 짐승 위에 앉아 있었다. 나는 그 짐승이 무슨 목적으로 쓰임 받는지는 설명을 듣지 못했다.

Chapter 15.
천사의 지위

"그룹 사이에 계신 이스라엘 하나님 만군의 여호와여
주는 천하 만국에 유일하신 하나님이시라
주께서 천지를 만드셨나이다"

(사37:16)

기록을 보관하는 천사
하나님의 군대: 전투 천사
지혜를 주는 천사
보호하는 천사
하나님의 모든 목적을 수행하는 천사

천국에는 통치가 있다. 천국의 통치는 절대 신정(神政)이다. 하나님께서는 보좌에서 모든 것을 다스리신다. 하지만 자기의 경륜을 따라서 사람들과 천사들에게 다양한 의무들을 부여하시기도 한다. 천국에 있는 모든 성도는 영적으로 동등하며 각자 다른 역할을 감당한다. 어떤 사람들은 하나님께서 자신들에게 부여하신 의무에 따라서 다양한 수의 사람들을 감독해야 하는 의무가 있다. 그러나 그들은 절대로 다른 사람들보다 우월하다는 생각이 아닌, 사랑의 수고로 모든 일을 감당하고 있다. 이것이 바로 천국의 성도들 가운데 존재하는 통치이다.

천국에 있는 천사들도 각자 다른 지위와 목적을 가지고 있다. 예를 들어, 성경은 "여호와의 군대 대장"(수5:14)과 "군주"(단10:13)에 관하여 말씀하고 있다. 나는 천국에서 적어도 천사들 가운데 칠십 지위가 있는 것을 보았다. 천사들은 높은 지위에 있는 천사들의 명령을 따른다.

나는 황금길을 걷던 중 향기를 맡고 새 힘을 얻었을 때에 천사들의 계급이 몇 개인지를 처음 알게 되었다. 그 후로 더 많은 천사의 계급들, 즉 모든 계급의 천사를 알게 되었다. 천사들은 사람들을 섬기느라 바빴으며, 아름다운 모습을 가졌으며, 어디에나 있었다. 어떤 천사들은 무리를 지어 사역했고, 다른 천사들은 혼자 사역했다. 모든 천사는 천국의 일을 하느라 바빴다. 그들은 자기 사역을 감당하면서 몇 보를 걸을 때마다 잠시 멈추어 서서 머리를 숙이고 하나님께 조용히 찬양과 경배를 드렸다.

그러나 이미 말한 바와 같이, 나는 천국에 내일 같은 것이 없고, 어제 같은 것이 없다는 것을 깨달았다. 항상 현재만 있을 뿐이다.

나는 천국에서는 시간이 어떻게 측정되는지를 천사 중 하나에게 물었다. 그는 어리둥절한 표정을 지으면서 나를 쳐다보았다.

"당신이 알고 있는 시간과 같은 것 말인가요?" 그가 말했다.

"네, 그거 말입니다."

"천국의 시간은 지구의 연도 같이 평범한 것으로 측정되는 것이 아니오. 천국의 시간은 하나님의 영광 안에서 영원히 진행될 뿐이오."

천사들은 나에게 새로운 의미를 가르쳐주었다. 천사들은 마치 가족 같았다. 어떤 천사들은 졸라매는 끈이 있는 셔츠를 입고 있었고, 어떤 천사들은 바지를 입고 있었고, 어떤 천사들은 신발을 신고 있었다. 천사들의 머리는 절대로 귀밑으로 내려오지 않았다. 대머리 천사는 없었다. 어떤 천사들은 턱수염이 있었다. 천사들은 인간의 나이로 약 서른 살 정도로 보였다.

나는 3.5미터에서 4.5미터 정도의 키로 보이는 천사들을 보았는데, 그들의 어깨는 라인 백(역주: 미식축구 수비의 2열째에 위치하는 선수)의 어깨보다 넓었다. 어떤 천사들은 칼을 가지고 있었고, 어떤 천사들은 칼이 없었다. 정말 그 천사들은 거대했다. 나는 그들이 전쟁하러 가는 전투 천사들이라는 말을 들었다. 나는 멈추어 서서 머리를 숙이고 뒤로 약간 물러섰다. 그러나 내 뒤에서 부드럽게 만지며 말씀하던 그 음성(나는 예수님의 음성이라 믿는다)이 "네가 두려워할 것은 없노라. 저 천사들은 아버지의 일을 수행하고 있는 것이니라."고 말씀했다.

기록을 보관하는 천사

후에 나는 다른 천사의 무리를 보았다. 어떤 천사들은 키가 크고 홀쭉했다. 그들 중 하나는 내가 살아있었을 때에 몇 번 환상으로 보았던 천사였다. 그가 거기에 있었다. 내가 그를 알아본 것은 그때가 처음이었다. 그는 내 옆에 서서 내가 하는 모든 행동을 보고 있었고, 내가 말하는 모든 말을 듣고 있었다. 그의 손에는 큰 책이 하나 들려 있었다. 그는 1.8미터 길이의 커다란 깃 달린 금촉펜을 사용하여 그 책에 뭔가를 기록하고 있었다. 그가 기록하고 있던 책은 금으로 보이는 재료로 만들어졌으며, 지구에서는 몇 백 킬로그램에 달하는 것처럼 보였다. 그러나 그는 왼손으로 책을 들고서 오른손으로 기록하고 있었다. 책이 아무리 무거워도 그는 전혀 무게를 느끼지 못하는 것 같았다.

나는 그 천사를 전에 본 적이 있음을 기억한다. 성경은 하나님께서 우리가 지구에서 하는 모든 생각과 행위와 행동을 기록하신다는 것을 말씀한다(히4:13 참조). 나는 이 천사가 책에 기록하고 있는 것을 보았을 때에는 그가 무엇을 기록하고 있었는지 궁금했다. 하지만 이제는 모든 사람이 말하는 것과 행동하는 것을 기록하는 천사가 적어도 하나 또는 여럿 있다는 것을 이해한다. 하나님께서는 우리의 말과 행동을 다 아신다.

우리는 요한계시록에서 "책들이 펴 있고"라는 말씀을 읽게 된다.

"또 내가 보니 죽은 자들이 큰 자나 작은 자나 그 보좌 앞에 서있는데 책들이 펴 있고 또 다른 책이 펴졌으니 곧 생명책이라 죽은 자들이 자기 행위를 따라 책들에 기록된 대로 심판을 받으니"(계20:12)

하나님의 군대: 전투 천사

나는 하나님의 군대들을 보았다. 나는 그 성에 없는 매우 큰 장소로 이끌려 갔다. 그 장소가 천국의 어느 부분에 속한 곳인지 모르지만, 순식간에 그곳으로 이끌려 갔다. 나는 공중에 있었다. 거기에서 계급과 지위별로 줄지어 서 있는 수백만 천사를 내려다보았다. 그들은 행진할 준비가 된 군사들처럼 보였다.

나는 그들이 하나님께서 목적을 두시고 그들을 창조하셨을 때의 위치, 바로 그 자리에 서 있다는 것을 초자연적으로 알게 되었다. 그들은 하나님의 전투 천사들이며, 우리를 위하여 싸우기 위해 천국을 떠나 지구로 온다. 그리고 하나님으로부터 다른 명령을 받기 위해 천국의 제 위치로 돌아간다.

어떤 천사들은 약 4.6미터 길이의 칼들을 가지고 있었는데, 그 칼들은 불이 붙어 있었다. 칼들은 마치 불타는 재료로 만들어진 것처럼 보였다. 이 천사들은 내가 천국의 어떤 지역들에서 보았던 키가 크고 홀쭉한 천사들이 아니다. 또한, 이들은 내가 천국에서 보았고 오늘날에도 여전히 보고 있는 다른 천사들처럼 친근하거나 친절한 모습이 아니었다.

나는 이 전투 천사들을 전에도 보았다. 하나님께서는 내가 지구에 있을 때에 이 천사들을 보여주셨는데, 다른 천사들만큼 자주 보여주시지는 않았다.

이 천사들은 전투복을 입고 있는 무시무시한 천사들이었다. 이들은 투구를 쓰고 있지 않았지만, 거대한 방패와 불 붙은 칼과 약 10미터 길이의 창을 들고 있었다. 이들은 키가 6미터 정도 됐고, 몸무게는 거의 1톤에 육박한 것 같았다. 이들은 거대하고 근육질의 천사들이었다. 이들은 미스터 유니버스처럼 보였지만, 훨씬 컸다.

이들 중 몇몇은 짧은 소매를 입고 있었고, 다른 천사들은 긴 소매 옷을 입고 있었다. 어떤 천사들은 튜닉(짧은 오버스커트)과 바지를 입고 있었고, 목에는 끈이 둘려 있었다.

어떤 천사들은 빛으로 옷 입혀졌다. 그들은 형용할 수 없는 초자연적인 병기들을 가지고 있었다. 나는 그들 중 몇몇이 열방을 폐허가 되게 하고 바닷속으로 빠지도록 말할 수 있다는 것을 알았다. 그들은 무장하고 있었다. 어떤 천사들은 말씀으로 무장했고, 어떤 천사들은 칼로 무장했고, 어떤 천사들은 창으로 무장했다. 이 모든 병기는 특별한 목적들이 있는 것들이었으며, 하나님의 능력이 이 병기들과 함께하고 있었다. 그들은 자신들이 해야 할 사역이 무엇인지 알고 있었다. 그들의 사역은 매우 전문적인 것이었다. 아무도 그들에게 이래라저래라 할 수 없었다. 하나님께서만 그들에게 무엇을 해야 할지 말씀하실 뿐이었다.

내가 보았던 모든 천사는 매우 특별했다. 그리고 각 천사는 하나님께서 의도하신 목적이 있었다. 어떤 천사들은 지구를 움직일 수 있는 능력으로 입혀졌으며, 다른 천사들은 심판을 가져다 줄 수 있는 능력으로 입혀졌다. 게다가 이들 모두는 하나님의 자녀들을 보호하고 돌보는 능력을 가지고 있다.

나는 아래를 내려다보면서 말했다.

"저 강력한 천사들을 보세요."

그러자 나와 함께 서 있던 천사들이 말했다.

"하나님의 전투 천사들을 보시오. 저들은 악한 자의 강력한 진을 파괴할 수 있는 능력을 가진 천사들이오."

"우리의 싸우는 무기는 육신에 속한 것이 아니요 오직 어떤 견고한 진도 무너뜨리는 하나님의 능력이라 모든 이론을 무너뜨리며"(고후10:4)

나는 이 모든 천사의 손이 능력으로 입혀진 것을 보았고, "저 천사들의 손은 왜 불타고 있나요?"라고 물었다. 나는 우리를 공격하는 마귀의 세력들과 싸우기 위해 내려오려고 준비하고 있다는 말을 들었다. 그들은 언제든지 마귀의 세력으로부터 우리를 구원하는 사역을 감당하기 위해 이 땅에 올 준비가 되어 있다. 하나님의 능력이 전투 천사들의 손에 있어서 하나님께서 그들로 하여금 원하시는 것을 하게 된다.

전투 천사들은 강했다. 수만 전투 천사들이 횡렬과 종렬로 서 있었다. 나는 전투 천사들을 보았고, 우리가 예수님의 이름을 언급하는 순간에 우리를 위해서 싸우기 위해 파송 되는 것을 보았다. 수다한 전투 천사들이 싸우기 위해서 자신들이 횡렬과 종렬로 서 있던 곳으로부터 지구로 오고 있는 것을 본 것이다. 그들은 횡렬과 종렬로부터 나와서 거의 빛의 속도로 사라졌다. 나는 그들이 누군가를 돕기 위해서 지구로 가고 있었다는 것을 알았다. 오, 우리를 위해서 하나님의 능력이 예비된 것이다! 우리는 천사들이 우리가 승리할 수 있도록 얼마나 큰 사역을 하고 있는지, 그리고 하나님께서 우리가 항상 승리하기를 얼마나 원하시는지를 알아야 한다.

지혜를 주는 천사

나는 다른 장소를 보았다. 그곳에서는 우리를 위해 지혜를 받은 천사들의 무리가 있었는데, 수를 헤아릴 수 없었다. 그들은 하나님의 지식 도서관으로 가서 지혜를 가져다가 우리에게 준다. 또는, 특별한 지령을 받고 지구로 와서 수행한다.

나는 또한 성령님께서 모든 것을 주장하시는 것을 보았다. 성령님께서는 천사들을 인도하시고, 이끄시고, 감독하시고, 지령을 내리신다. 천사들은 자기 의지대로 행동하지 않는다. 그들은 오직 주 예수님의 후원과 성령님의 능력을 받아서 사역을 감당할 뿐이다. 오직 예수님의 이름만이 우리를 위해서 천사들을 파송 할 수 있다. 우리가 기도 중에 예수님의 이름을 언급하면, 성령님께서는 곧바로 역사하시고, 우리를 위해 천사들이 파송 된다.

보호하는 천사

모든 거듭난 사람에게는 한두 천사만 함께하는 것이 아니다. 사실 그들에게는 성령님의 파송을 받은 군대 천사들이 함께하고 있다. 나는 계절을 담당하는 천사들을 보았고, 거듭난 성도들의 보호를 감당하는 천사들을 보았다.

하나님께서는 내 인생에 천사들을 자주 보내셨다. 언젠가 우리 부부가 자동차를 운전하고 있을 때에 아름다운 백마들 위에 앉아 있는 천사들을 환상으로 보았다. 그들은 내 자동차와 나란히 달리고 있었다. 나는 천국에서 그들을 보았던 것처럼 지구에서도 볼 수 있었다. 그리고 그들이 말하는 소리를 들을 수 있었다. 우리는 보호를 위해 기도했고, 내 아내는 운전하고 있었다. 그때 갑자기 나의 영적인 눈(spiritual eyes)과 영적인 귀(spiritual ears)가 열려서 그 천사 중 하나가 "나는 당신들보다 빨리 달릴 수 있소."라고 하는 말을 들었다. 나는 천사의 말을 이상하게 여겼다. 그리고 아내에게 그 이야기를 했다. 아내는 가속 페달을 더 밟을 생각을 했다고 말해주었다. 천사들은 우리가 생각으로 하는 말을 듣고 있다. 하나님의 자녀들은 바른 생각을 하고, 바른 말을 하고, 하나님으로 하여금 우리를 위해 역사하시도록 해야 한다.

하나님의 모든 목적을 수행하는 천사

나는 하나님께서 예정하신 많은 목적을 수행하는 수천만 천사들을 보았다. 하지만 그들 모두를 자세히 보는 것은 허락되지 않았다. 천사들은 무엇이든 하나님의 온전한 뜻이 아니면 나에게 말하지 않았다. 그들은 하나님께 완전히 순종한다.

천사들은 예수님께서 내 곁에 가까이 계실 때마다 예수님께 대한 가장 큰 사랑으로 시중들었다. 예수님께서 그들에게 말씀하시기를 원하셨을 때에는 예수님의 발 앞에 엎드렸다. 실제로 그들은 하나님의 자녀들인 우리를 섬기고, 하나님께서 원하시는 것을 수행하기 위해서 존재한다. 그들은 그 일을 하기 위해서 능력을 받았다. 하나님으로부터 받은 명령은 무엇이든 수행할 수 있는 능력을 받은 것이다.

나는 내가 갈 수 없었던 천국의 다른 장소들이 있다는 것과 내가 볼 수 있도록 허락되지 않은 다른 계급의 천사들이 있다는 것을 알게 되었다. 나는 그 천사들에 관해서 아는 것이 허락되지 않았다. 하지만 나는 어떤 천사들이 인간의 모습을 하고 지구를 방문한다는 것을 안다. 성경은 우리가 부지 중에 천사들을 대접할 수도 있다는 말씀을 한다.

"손님 대접하기를 잊지 말라 이로써 부지 중에 천사들을 대접한 이들이 있었느니라"(히13:2)

우리는 모두 이런 식으로 천사들을 만났다고 믿고 있는 사람들의 이야기를 들었다. 나는 실제로 인간의 모습을 하고 내려와서 하나님의 명령을 수행한 천사들을 보았다.

Chapter 16.
꿈의 성

"또 여호와를 기뻐하라
그가 네 마음의 소원을 네게 이루어 주시리로다"

(시37:4)

내 오른편에서 동행하던 천사가 말했다.

"나는 당신으로 하여금 천국의 일부를 보도록 이곳에 데리고 왔소."

그는 그 외의 말을 하지 않았고, 더는 앞으로 나아가지 않았다. 내 왼편에 있던 천사, 곧 거의 말을 하지 않았던 천사는 깊은 존경심과 사랑으로 머리를 숙이고서 주님을 찬양하기 시작했다. 나는 아무 말을 하지 않았다. 다만 그 천사처럼 주님을 찬양하고 싶었을 뿐이었다.

돌연, 상상을 초월할 정도로 큰 성곽이 내 앞에 나타났다. 그것은 수천 미터 상공에 떠 있었고, 그 주변에는 산들이 있었다. 그것은 가장 아름다운 성곽이었으며, 수정처럼 완전히 투명했다.

성곽은 사방으로 수 킬로미터씩 뻗어 있었다. 성곽이 투명하기는 했지만, 밖에서는 성곽 안에 있는 사람들을 볼 수가 없었다. 하지만 거대한 문을 통과하여 들어가자, 그 안에 수천 명의 사람으로 가득 찬 것을 보았다. 이 "사람들"은 그 성곽을 관리하는 천국의 존재들처럼 보였다. 또한, 성곽 안에는 책들이 진열된 거대한 방들이 있었고, 천사들이 책들을 지키고 있었다.

세 그루의 왕관나무가 마당에서 자라고 있었다. 그 왕관나무들은 내가 처음에 보았던 왕관나무에 비해서 작았지만, 그 모양의 화려함은 같았다. 천사는 나에게 "이것을 기억하시오."라고 말했고, 우리는 돌연 다른 곳으로 옮겨갔다.

내가 그곳을 방문했을 때에는 그 성곽이 무슨 의미가 있는지 알지 못했다. 하지만 후에 주님께서는 이에 관해서 따로 말씀해 주셨다.

"공중에 떠 있던 수정처럼 투명한 성곽을 기억하느냐? 그 성곽은 내 백성의 소망과 꿈이 보관되고 성취되는 장소니라."

하나님께서는 우리 삶에 이루시고자 하는 소망과 꿈을 보관하고 계신다. 내가 그곳에 있는 동안에는 그 성곽의 이름을 알고 있었지만, 그곳을 떠나자 내 생각에서 지워졌다.

내가 유일하게 기억하는 것은, 하나님께서 우리에게 주신 소망과 꿈이 보관되고 있는 장소가 천국에 있다는 것이다. 나를 인도하던 천사들은 하나님께서 우리를 위해 주신 소망과 꿈 앞에서 매우 정중히 머리를 숙였다. 그리고 나서 그들은 동시에 바로 섰고, 한 천사가 나에게 "하나님의 보좌로 가야 할 시간이 되었소."라고 말했다.

Chapter 17.
하나님의 보좌

"큰 소리로 외쳐 이르되 구원하심이 보좌에
앉으신 우리 하나님과 어린 양에게 있도다 하니"

(계7:10)

보좌로 나아가다
하나님 앞에 엎드리다
보좌에 앉으신 하나님
하나님의 제단에서 나온 숯
하나님의 영광
천국의 평화와 평안

우리는 돌연 하나님의 보좌 앞에 갔다. 그곳에 도착한 순간부터, 나는 천국의 모든 것이 하나님의 보좌를 중심으로 흘러 들어가고 나오는 것을 알게 되었다. 모든 것이 보좌로 끌어당겨졌다. 모든 것이 하나님의 보좌 주변을 순환하고 있었다.

보좌가 있는 건물은 내 머리로 이해할 수 없을 만큼 거대했다. 이것은 천국에서 가장 큰 건물이었다. 이것은 수백 킬로미터 넓이였고, 높이는 적어도 80킬로미터였고, 지붕은 둥글었다. 그곳에는 살아서 불을 뿜어내는 조각상들이 있었다. 조각상들 옆에는 지름 3미터에서 4.5미터의 기둥들이 있었다.

보좌로 나아가다

수천 개의 계단이 보좌로 이어져 있었다. 계단의 수가 몇 개인지 모르지만, 각 계단은 암시적이고 예언적이라는 것을 안다. 우리가 계단을 따라 올라가기 시작했을 때, 나는 수만 명 또는 수백만 명의 사람이 보좌로 나아갔다가 나오는 광경을 보았다. 그들은 하나님께 경배와 찬양을 드리고 있었다. 나는 어떤 사람이 "하나님은 나의 전부입니다."라고 말하는 소리를 들었다. 또 다른 사람은 "나는 하나님의 보좌로 다시 가고 싶어요."라고 말했다. 그러자 한 천사가 그에게 "하나님의 때가 오면, 이곳에 다시 오게 될 것이오."라고 대답했다.

수천 개의 계단은 각각의 목적이 있다. 뭔가가 나로 하여금 하나님의 임재 앞에서 버틸 수 있도록 해주었다. 내가 보좌 앞으로 더 가까이 갈수록, 모든 것이 더 장엄해졌다. 가까이 갈수록 천국의 실체들이 더욱더 빛났다.

출입구에는 기둥들이 있었다. 또한, 기둥의 수도 예언적이었다. 기둥들은 다른 것들과 마찬가지로 거대했고, 나는 그 수가 얼마나 되는지 알지 못한다. 그곳에는 엄청나게 크고 특별한 기둥들이 있었고, 이것들은 지름이 300미터 정도 되는 듯했다. 이것들은 출입구 안에 있었고, 보좌로 가는 길을 인도해주고 있었다.

돌연, 우리는 기둥들 사이로 지나가고 있었다. 그곳에는 하나님의 보좌를 향하여 엎드린 수억 명의 사람이 있었다. 그들은 동시에 모든 방향으로 향하고 있었다. 보좌는 약 40킬로미터 높이로 보였다. 당신은 천국의 어느 장소에서든 하나님의 보좌를 볼 수 있을 것이다.

하나님 앞에 엎드리다

하나님의 보좌는 여전히 매우 먼 곳에 있었다. 하지만 천사들은 먼 곳에서도 경외하며 엎드렸다. 나도 하나님 앞에 엎드렸다. 내가 원했던 것은 오로지 하나님을 경배하고 찬양하는 것이었다.

하나님의 보좌는 천국의 재료로 만들어졌다. 보좌는 수정처럼 투명했지만, 금과 상아와 은과 각종 번쩍이는 보석으로 이루어졌다. 보좌가 만들어진 재료에서 빛이 비치는 것 같았다. 영광의 거대한 파도가 보좌를 휩쓸었다. 유동하는 불이 건축 재료를 통과했다. 건물 자체에서 영광의 광선이 나왔다. 내 눈에 무슨 일이 벌어져서 하나님의 것들을 볼 수 있게 되었다. 그렇지 않았으면, 내 눈은 보좌에서 나오는 광선을 직접 볼 수가 없었을 것이다.

보좌에 앉으신 하나님

나는 그 거리에서도 보좌에 한 분이 앉아 계신 것을 볼 수 있었다. 그러나 그분은 자기에게서 나온 영광의 구름에 가려져 있었다. 그분의 영광은 모든 것을 태우는 불이었다. 그분께서는 영광의 불 속에 거하셨다.

그 불은 불타는 떨기나무 속에서 모세가 보았던 것과 같다. 그 불은 보좌 위에 앉아 계신 그분을 두르고 있었다. 나는 보좌가 있다는 것과 불 속에 한 분이 계시다는 것과 그분이 나를 바라보고 계셨다는 것을 말할 수 있다.

나는 바닷가의 모래알처럼 느껴져서 다른 사람들 밑으로 기어가고 싶었다. 나는 실제로 전능하신 하나님 앞에 있었던 것이다. 경건한 두려움이 나를 사로잡았다. 그것은 공포심이 아니었다. 전능하신 하나님의 임재 안에서 느끼는 경건한 두려움이었다. 놀라웠다. 이 경건한 두려움은 보좌로 더 가까이 다가가는 모든 사람 위에 임했다. 나는 두 발로 서 있을 수가 없었다.

헤아릴 수 없이 많은 사람이 보좌를 출입하고 있었다. 보좌 주변에는 수백만 명의 사람이 하나님을 경배하고 있었다. 어떤 사람들은 서 있었다. 나는 그들이 서 있었던 이유를 알지 못한다. 아마도 그들은 이미 엎드렸었거나 하나님께서 그들에게 이제 일어서라고 지시하셨을지도 모른다. 그러나 대다수 사람은 하나님 앞에서 엎드린 채 하나님께서 자신들의 삶 속에서 행하신 것에 관하여 감사하고 있었다.

우리의 선행과 덕망으로 하나님 앞에 설 수 있는 사람은 없다. 우리는 오직 우리에게 적용된 그리스도의 의로 하나님 앞에 설 수 있게 되었다.

"그리스도께서도 단번에 죄를 위하여 죽으사 의인으로서 불의한 자를 대신하셨으니 이는 우리를 하나님 앞으로 인도하려 하심이라 육체로는 죽임을 당하시고 영으로는 살리심을 받으셨으니"(벧전3:18)

"너희는 하나님으로부터 나서 그리스도 예수 안에 있고 예수는 하나님으로부터 나와서 우리에게 지혜와 의로움과 거룩함과 구원함이 되셨으니"(고전1:30)

하나님의 보좌가 있는 알현실 안에는 일곱 개의 거대한 기둥이 있었다. 그리고 하나님 가까이에는 아홉 개의 신성한 기둥이 있었다. 나는 그것들이 성령님의 은사들이라고 믿는다.

그곳에는 기둥들로 둘러싸인 안뜰이 있었다. 그곳에는 수백 명의 사람이 보좌를 향하여 엎드려 있던 포장도로도 있었다(어떤 사람들은 누워 있었음). 그 포장도로는 예수님께서 서 계셨던 포장도로와 같은 것이었으며, 아로새긴 보석들로 가득한 4만 헥타르의 땅처럼 보였다.

하나님의 보좌에는 원천이 있었다. 하지만 나는 그 원천에 관해서 아는 것이 허락되지 않았다.

하나님의 제단에서 나온 숯

하나님의 보좌에 더 가까이 가보니 난간들이 있는 장소가 있었다. 실제로 그곳에는 세 개의 층으로 되어있는 난간들이 있었다. 사람들은 그 난간들 너머로 가는 것이 허락되지 않았다. 난간들은 금을 비롯하여 하나님의 영광을 발하는 여러 다른 재료들로 만들어졌다. 천사들은 난간들에 서 있었다.

그 장소 주변에는 불붙은 돌들이 있었다. 파란색과 노란색의 쉐키나 영광을 뿜어내는 감자 같은 모양의 살아있는 돌들이었다. 돌들은 하나님의 제단에서 나온 것들이었고, 지름은 대략 60센티미터였다. 돌들은 마치 하나님의 제단에서 나온 숯들처럼 보였고, 각각의 돌에는 이름이 새겨져 있었다. 나의 이름은 하나님의 제단 앞에 있는 숯들 중 하나에 새겨져 있었다. 나는 다시금 하나님 앞에서 즉시 엎드렸다. 나는 영원토록 하나님께 영광과 존귀와 찬양을 드리고 싶었다. 그 느낌은 백만 배 이상 점점 더 강해졌다. 하지만 그 느낌은 내가 현재 지구에서 깊은 기도를 드리면서 하나님을 구할 때에 느끼는 것과 같다. 나는 그 느낌에서 벗어나는 것을 원하지 않는다.

하나님의 영광

나는 영광의 구름 속에 있었을 때에 매우 먼 곳을 보는 것이 허락되지 않았다. 내가 내 머리를 들려고 했을 때에 뭔가가 내 머리를 눌렀다. 이것은 내가 하나님을 선명하게 볼 수 없었다는 것을 의미한다. 하지만 나는 보좌에 하나님께서 앉아 계셨다는 것을 말할 수 있다.

다시 말하지만, 나는 하나님을 분명하게 본 적이 없다. 나는 하나님의 두 발 중 하나만 보도록 허락되었다. 하나님의 발은 미국의 크기처럼 보였으며, 발가락은 테네시 주만 했다. 나는 이게 어떻게 가능한지 알지 못하지만, 이것은 내가 받은 느낌이었다. 이것은 말로 표현할 수 없는 것을 표현하기 위한 나의 말일 뿐이다. 성경은 "여호와께서 이와 같이 말씀하시되 하늘은 나의 보좌요 땅은 나의 발판이니 너희가 나를 위하여 무슨 집을 지으랴 내가 안식할 처소가 어디랴"(사66:1)하고 선포한다. 그래서 지금 나는 지구가 왜 하나님의 발판이 될 수 있는지 이해한다.

하나님을 둘러싸고 있던 영광은 하나님 자신으로부터 발산된 것이다. 영광은 수억 개의 발전기가 돌아가는 것과 같은 소리를 냈다.

능력의 파동이 일어났다. 나는 이 능력의 파동이 누군가의 기도에 대한 응답이라는 것을 초자연적으로 알게 되었다. 하나님께서는 자기 영광으로부터 기도를 응답하신다.

이 장엄한 장소 뒤에는 붕긋한 지대가 있었다. 보좌에는 존재들이 있었고, 화염은 보좌로 들어가고 나왔다. 보좌 주위에는 날개를 가진 생물들이 있었다. 그들은 "거룩하다. 거룩하다. 전능하신 주 하나님!"이라고 말하면서 보좌 주위를 날아다녔다. 나는 그들이 실제로 그렇게 하는 것을 보았지만, 그 광경을 설명할 수는 없다. 나는 그들이 보좌 주위를 날아다닐 때마다 하나님의 다른 모습을 보았다는 것을 안다. 하나님께서는 그들에게 완전히 드러나셨다.

"웃시야 왕이 죽던 해에 내가 본즉 주께서 높이 들린 보좌에 앉으셨는데 그의 옷자락은 성전에 가득하였고 스랍들이 모시고 섰는데 각기 여섯 날개가 있어 그 둘로는 자기의 얼굴을 가리었고 그 둘로는 자기의 발을 가리었고 그 둘로는 날며 서로 불러 이르되 거룩하다 거룩하다 거룩하다 만군의 여호와여 그의 영광이 온 땅에 충만하도다 하더라"(사6:1-3)

"보좌 앞에 수정과 같은 유리 바다가 있고 보좌 가운데와 보좌 주위에 네 생물이 있는데 앞뒤에 눈들이 가득하더라 그 첫째 생물은 사자 같고 그 둘째 생물은 송아지 같고 그 셋째 생물은 얼굴이 사람 같고 그 넷째 생물은 날아가는 독수리 같은데 네 생물은 각각 여섯 날개를 가졌고 그 안과 주위에는 눈들이 가득하더라 그들이 밤낮 쉬지 않고 이르기를 거룩하다 거룩하다 거룩하다 주 하나님 곧 전능하신 이여 전에도 계셨고 이제도 계시고 장차 오실 이시라 하고"(계4:6-8)

보좌로부터 네 강이 흘러나왔다. 네 강은 영광의 구름으로부터 흘러나왔고, 하나님의 제단에서 나온 숯들을 씻어냈다. 하지만 숯불은 꺼지지 않았으며, 미세한 치찰음도 내지 않았다. 숯불은 꺼질 수 없었다. 네 강은 보좌에서 한 줄기로 나와 포장도로를 가로질러 네 개의 다른 강이 되는 지역까지 흘렀다. 작은 시내들은 폭이 800미터 정도 되는 것 같았다. 작은 시내들은 천국의 곳곳으로 흘렀고, 밑바닥이 없는 듯했다. 네 강 중의 하나는 하나님의 자비와 은혜가 흐르는 것이었다.

나는 천국 여행 중에 하나님의 영광을 기록한 글들을 보았다. 나는 예수님께서 다른 사람들에게 말씀하시는 것을 보았다. 하지만 예수님은 항상 내 뒤에 계셨다.

하나님의 보좌 뒤쪽에는 반원형 반향 장치를 한 음악당처럼 보이는 것이 있었다. 예수님께서 그곳에 계셨다. 그분은 나를 바라보셨다. 나는 아무 말 하지 못했다. 지금도 예수님께서 나를 바라보셨을 때에 내가 느낀 것을 표현할 방법이 없다. 내가 보좌에서 예수님을 발견한 것은 그분께 중요한 일인 듯했다. 천국의 모든 것은 예수님을 소개하고 있다. 하지만 예수님께서는 어떤 이유로 내가 이것을 기억하기를 원하셨다. 나는 예수님을 바라보았고, 예수님은 나에게 미소를 지으셨다.

성경에는 우리의 육체를 죽이는 자들을 두려워하지 말고 우리의 육체와 영혼을 지옥에서 멸하시는 분을 두려워하라고 말씀하는 구절이 있다. 하나님만이 그 일을 하신다. 하나님은 영원의 능력을 가지고 계시다.

> "몸은 죽여도 영혼은 능히 죽이지 못하는 자들을 두려워하지 말고 오직 몸과 영혼을 능히 지옥에 멸하실 수 있는 이를 두려워하라"(마10:28)

나는 보좌 앞에 놋대야 또는 물동이를 보았는데, 그 안은 예수님의 피로 가득했다.

보혈, 곧 영광이 파도가 되어 보좌로부터 흘러나왔다. 이 세상에서 살았던 모든 사람의 소망과 열망은 보좌로 흘러 들어갔다. 그리고 보좌로부터 하나님의 사랑과 우리의 기도에 대한 응답이 흘러나왔다.

나는 천국에 들어간 사람들이 곧바로 하나님을 뵈어야 할 필요가 없다는 것을 알게 되었다. 때로 그들은 하나님을 뵙기까지 긴 시간을 기다려야 했다. 나는 그들이 하나님의 임재를 견딜 수 있게 되기까지 그곳에서 잠시 기다려야 한다고 생각한다. 그곳에는 당신이 하나님의 임재를 견딜 수 있도록 해주는 과실수가 있는 정원이 있다. 과실수의 열매는 향긋한 냄새가 나고 잎사귀는 아름다운데, 이 열매를 먹으면 하나님의 임재 속에서 당신이 녹는 것을 방지해준다.

지구의 냄새는 당신의 목을 조른다. 하지만 하나님의 임재의 향기는 믿지 못할 만큼 아름답다. 우리는 부흥회를 열 때에 종종 천국의 향기가 나는 것을 경험했다. 우리는 천국의 향기를 자주 맡았다. 하지만 그 향기는 천국이라고 불리는 곳에서 나는 향기의 강렬함에 비할 것이 못 된다.

하나님의 영광으로부터 큰 비행기처럼 생긴 연기가 나와서 내 옆으로 지나갔다. 이것은 나에게 보내진 기름 부음이었다.

나는 성도들의 기도를 운반하는 천사들을 보았다. 그들은 기도에 대한 응답을 가져다 주기 위해서 파송을 받았다. 모든 응답은 하나님께서 예정하셨다. 응답이 보좌로부터 나올 때에, 당신은 자신이 해야 하는 일로 돌아가게 된다. 모든 사람은 하나님께서 예정하신 목적이 있다.

천국의 평화와 평안

나는 하나님의 보좌 앞에서 오랫동안 있었다. 그러다가 돌연 나 자신이 더는 보좌 앞에 있지 않은 것을 발견했다. 천사들은 나를 붙들고서 보좌로부터 떠나 왔는데, 이는 내가 두 발로 걸을 수가 없었기 때문이다. 나는 빛을 발하고 있었고, 말을 할 수 없었다. 그러나 나 혼자만 그 상태에 있었던 것은 아니다. 보좌를 떠나온 모든 사람은 나와 같은 상태였고, 하나님께 영광을 드리고 있었다.

정말 믿기지 않을 정도로 평화롭고 평안했다. 말로 표현할 수 없었다.

그때 천사가 "당신은 주님과 약속이 되어 있소."라고 말했다. 나는 즉시 생각의 속도로 전망대처럼 보이는 곳으로 갔다. 그곳은 공원 같은 장소였다.

Chapter 18.
주님을 알현하다

"자녀들아 너희는 하나님께 속하였고 또 그들을 이기었나니
이는 너희 안에 계신 이가 세상에 있는 자보다 크심이라"

(요일4:4)

"당신은 주님을 알현해야 하오."

천사가 말했다.

예수님께서는 한 전망대의 플랫폼에 서 계셨다. 주님께서는 갈색을 띤 턱수염을 가지셨다. 얼굴과 목에 상처들이 있었으며, 아직 아물지 않은 상처들(open wounds)이 있었다. 발에도 상처가 있었다. 주님께서는 솔기가 없는 빛의 옷을 입고 계셨으며, 빛나는 영광의 구름 속에 계셨다.

전망대 주위에는 의자들이 있었다. 주님께서 돌아서셨고, 다른 뭔가를 주시하셨다. 주님께서 돌아서실 때, 나는 바닥에 엎드렸다. 하나님의 능력이 나를 고꾸라지게 한 것이다.

주님께서는 내가 두 발로 서도록 일으켜주셨고, 나를 어루만지셨다. 천사들도 바닥에 엎드려 있었다. 주님께서 천사들에게 뭔가를 말씀하셨지만, 나는 그것을 기억하지 못한다.

"앉아라. 네게 할 말이 있노라."

주님께서 나에게 말씀하셨다. 거기에는 금으로 만들어진 의자가 있었다. 금 의자는 단련한 쇠처럼 보였다.

"네가 어린 아이였을 때, 내가 너를 찾아갔노라."

예수님께서 나에게 말씀하셨다.

일곱 살 때, 나는 예수님께서 금 계단을 내려오시는 것을 보았다. 네 살 때, 할아버지 집에서 천국으로 끌려 올라갔다. 할아버지는 신사였고, 성경을 많이 읽는 분이었다. 할아버지는 전도자 빌리 선데이(Billy Sunday)의 후배였으며, 그들은 막역한 친구이기도 했다. 그날, 나는 할아버지와 낚시하러 가기 전에 메뚜기를 잡기 위해 밖에 나갔는데, 이는 할아버지가 나에게 "내 기도 시간이 되었구나."라고 말했기 때문이다. 할아버지는 앉아서 기도하던 중에 식당 창을 통해 밖에 있던 나를 지켜보고 있었다. 내가 기억하기로, 나는 메뚜기를 잡으려고 몸을 숙였고, 그 다음은 천국에 있는 하나님의 보좌 앞에 서 있었다는 것이다.

나는 그때의 일을 절대 잊지 않았다. 거기에는 짙은 자줏빛 태피스트리와 큰 기둥이 어디에나 있었다. 예수님께서 보좌에 앉아 계셨고, 나를 내려다보시면서 미소를 지으셨다. 예수님께서 말씀하셨다.

"절대 담배를 피우지 말아라. 절대 술을 마시지 말아라. 절대 죄짓지 말아라. 내가 나중에 너에게 할 일을 줄 것이니라."

나는 그 자리에서 펄쩍 뛰었던 것을 기억한다. 나는 그 자세로 얼마나 얼어붙어 있었는지 모른다. 하지만 내가 창을 다시 보았을 때에, 할아버지가 싱긋 웃었는데, 이는 할아버지가 나에게 무슨 일이 일어났는지 알았기 때문이다.

할아버지는 내가 그 경험을 하도록 기도하고 있었던 것 같다. 나는 할아버지에게 그 경험을 이야기해주었고, 할아버지는 내 이야기를 듣고서 매우 기뻐했다.

내가 예수님을 알현했을 때에 예수님께서는 나에게 다음과 같이 말씀하셨다.

"나는 너를 열방의 선지자로 불렀노라. 너는 많은 사역을 성공적으로 했노라. 하지만 마귀가 너를 방해하고 압도하기도 했노라. 그러나 두려워하지 마라. 내가 마귀를 이겼노라. 네가 태어나던 날에 내가 너와 함께 있었노라. 네 나이 네 살 때 마귀가 너를 멸망시키려 할 때에 너와 함께 있었노라."

나는 어렸을 때에 홍역과 성홍열과 여러 질병을 앓았다. 의사는 내가 죽을 것이라고 말했다. 내가 집에서 죽어가고 있을 때, 아버지는 밭을 갈아 일구고 있었고, 어머니는 나의 몸을 흔들고 있었다. 그때 갑자기 우리 집에 불이 난 것처럼 연기로 가득해졌다. 하지만 집안에는 불에 타는 냄새가 나지 않았다. 어머니는 "하나님, 만약 이 아이를 살려주신다면…"이라고 부르짖었다. 그러자 구름 사이에서 두 손이 나와서 나를 치유했다.

"아들아, 이제 너를 다른 장소로 데리고 갈 것이니라. 너를 통해서 더 많은 일을 하고 싶구나. 리처드, 나는 너의 도움이 필요하노라. 너는 내 일을 위해서 나의 부름을 받았노라. 이곳은 천국이니라. 나는 내 백성이 천국에 오기를 원하노라."

예수님께서 나에게 말씀하시는 것을 수천 명의 사람이 듣고 있었다. 주님께서는 당시에 나와 관계하던 사람들에 관해 말씀하셨고, 또한 후에 나와 만나게 될 사람들에 관해서도 말씀하셨다. 주님께서는 내 인생에 관하여 매우 사적이고 개인적인 것들을 몇 가지 말씀하셨고, 내가 겪게 될 번민과 고통에 관해서도 몇 가지 말씀하셨다.

"지금 악한 자가 있노라. 그러나 곧 없어질 것이니라. 그 후에 다른 악한 자가 올 것이니라. 주의하라. 마귀가 너에게 그릇된 사람들을 보낼 것이니라."

예수님께서는 교회에 큰 부흥이 곧 일어나게 될 것이라고 말씀하셨다. 주님께서는 작은 마을들에 큰 부흥을 일으키실 것이고, 나는 그것을 보게 될 것이다. 주님께서는 그 외에도 많은 것을 말씀하셨다.

Chapter 19.
지옥을 보고 오다

"몸은 죽여도 영혼은 능히 죽이지 못하는 자들을 두려워하지 말고
오직 몸과 영혼을 능히 지옥에 멸하실 수 있는 이를 두려워하라"

(마10:28)

"오라. 내 아버지께서는 네가 다른 장소를 보기를 원하시노라." 예수님께서 말씀하셨다.

나는 곧 공포를 느꼈고, 가고 싶지 않았다.

"천국에는 불순종이 없노라."

예수님께서는 나를 쳐다보시면서 말씀하셨다. 그래서 나는 갈 준비를 했다. 나는 주님과 함께 있었기 때문에 완전히 안전하다는 것을 알았다. 주님께서는 나를 번쩍 들고서 마치 아기처럼 안으셨다. 주님의 몸은 마치 강철처럼 단단했다. 주님께서는 전능한 팔을 가지셨다. 주님께서는 온 우주에서 가장 강하신 분이다.

즉시, 우리는 어두컴컴하고 마치 시체 썩는 냄새처럼 견딜 수 없을 만큼 역한 악취가 나는 곳으로 내려갔다. 나는 주님의 옷에 내 얼굴을 파묻었다.

"너는 저곳을 보고 싶지 않을 것이다."

주님께서 이 말씀을 하시자, 나는 두려웠다. 나는 내 두 팔로 주님의 한쪽 팔을 감쌌다. 우리는 평평한 지대로 내려갔고, 완전한 멸망의 문들 앞에 서게 되었다.

나는 즉시, 지옥은 천국의 정 반대라는 것을 깨달았다. 지옥의 문들은 천국의 문들과 거의 비슷한 크기였다. 하지만 지옥의 문들은 검은 재료로 만들어졌다. 나는 지옥에 계단들이 있는 것을 기억한다. 지옥에는 섬뜩하고 괴상한 존재들이 있었는데, 그들은 천국 문들을 지키고 있던 천사들과 비슷한 크기였다. 몇몇 애니메이션에 나오는 귀신들의 모습은 이 피조물들이 얼마나 섬똑하게 생겼는지를 말해준다. 주님께서 그 귀신들을 보시자, 그들은 공포에 떨면서 비명을 질렀다.

지옥에는 불로 형벌 받는 곳도 있었다. 나는 지옥에 파멸과 절망이 있음을 느꼈으며, 사람들이 부르짖는 소리를 들었다. 마치 귀신들이 사람들을 끌어다 놓고서 자신들이 받고 있는 고통과 같은 고통이나 그보다 더 심한 고통을 사람들에게 가하고 있는 듯했다. 사람들은 벌거벗고 있었다. 지옥에는 죄가 뭔지 모를 정도의 어린 아이는 없었다. 지옥에는 아기가 없었다.

예수님께서는 내가 본 것을 사람들에게 말하라고 명하셨다.

"나는 네가 이곳에 관해서 다른 사람들에게 말하기를 원하노라. 만약 그들이 내 피로 씻음 받지 아니하고 거듭나지 아니하면, 이곳이 바로 그들이 영원토록 있게 될 장소가 될 것이니라."

지옥에는 어디나 귀신들이 바글바글했다. 귀신들은 예수님 앞에서 비명을 지르고, 또 지르고, 또 질렀다. 귀신들은 주님 앞에 서 있을 수가 없었다. 귀신들은 주님을 보자마자, 무서워서 비명을 지르며 도망했다.

사람들은 자신들이 지옥에서 나갈 수 있도록 해달라고 예수님께 빌며 구하고 있었다. 하지만 주님께서는 그들의 심판이 이미 정해졌기 때문에 그들의 말을 듣지 않으셨다.

"한번 죽는 것은 사람에게 정해진 것이요 그 후에는 심판이 있으리니"(히9:27)

나는 내가 지옥에서 보았던 모든 것을 자세히 설명할 수가 없다. 왜냐하면, 지옥의 참상을 생각하기만 해도 내 몸이 몹시 아프게 되기 때문이다. 나는 기억조차 하고 싶지 않다. 그러나 나는 지옥에 절대적인 공포가 있다는 것을 당신에게 말할 수 있다.

당신이 죽게 되면, 영적 몸을 갖게 된다. 영적 몸은 당신이 지구에 살아있는 동안에 가지고 있는 육체와 정확하게 같은 성질이다. 당신은 영적 존재이다. 하지만 육체의 모든 감각이 그대로 있게 될 것이다.

나는 지옥에 있는 사람들을 보았다. 그들은 썩은 살이 늘어진 채로 걸어 다니는 해골과 다름이 없었다. 지옥에는 구더기들이 있었고, 냄새는 도저히 맡을 수 없는 것이었다. 사람들은 파괴당하고 있었다. 뱀들이 사람들의 사지를 먹고서 소화시켰다. 그러고 나면 사람들의 사지가 회복되었고, 이런 일은 계속 반복되었다.

나는 귀신들에 의해서 사람들의 몸이 동강나는 것을 보았다. 그들의 몸 조각들은 둥근 돌들과 바위들에 걸려 있었다. 그리고 귀신들은 몸 조각들을 먹고서 배설했다. 그 후에 몸은 같은 과정을 반복하기 위해서 다시 완전해졌다.

귀신들이 한 소녀의 입에 불붙은 숯들을 강제로 넣으면서 조롱했다.

"너는 진정 대단한 사람이 되려고 생각했었지."

불타는 작은 새장들 안에는 사람들이 있었다. 사람들은 불타는 작은 새장들 안에 끌려 들어갔다. 새장들은 불 못에 잠겼다.

하지만 그들의 몸은 소멸하지 않았다. 사람들의 몸은 절대로 없어지지 않았다. 그들은 반 해골이었다.

귀신들은 사람들에게 액체같이 유동적인 불을 마구 퍼부었다. 지옥에는 숯이 불타는 구덩이들로 보이는 곳들이 있었다. 사람들은 영원한 고통과 고난을 받고 있었다.

한 남자는 썩고 있는 팔을 가지고 있었다. 팔이 썩는 데는 백년이 흘렀다. 그 후에 그의 팔은 다시 썩기 위해서 회복되었다.

거기에는 전쟁 시에 머리의 일부가 절단된 남자가 있었다. 그는 자기 머리의 나머지 부분을 계속 찾아야 했다.

지옥의 고통은 당신이 상상할 수 있는 고통에 백만 배를 더한 것과 같다. 지옥에서 가해지는 형벌들은 정도가 다르다. 가장 큰 형벌을 받는 사람들은 자신들이 해야 할 일을 하지 않는 사람들이다. 나는 히틀러를 생각했고, 하나님의 공의를 생각했다.

지옥에는 구멍이 있었다. 그 구멍의 바닥에는 귀신들이 감금되어 있었다. 그들이 예수님을 보았을 때에 비명을 지르면서 "저희가 당신께로 가겠습니다."라고 말했다. 그러나 예수님께서는 그들에게 "아니다. 너희는 나에게로 올 수가 없노라."하고 말씀하셨다.

나는 예수님께 간구했다.

"더는 보고 싶지 않습니다."

지옥에는 비어 있는 구덩이들이 있었다. 지금은 비어 있지만, 예수님을 믿지 않는 모든 사람이 들어가게 될 것이다.

지옥은 어둡다. 지옥에는 어디에나 귀신들과 뱀들이 있다. 귀신들은 자신들에게 가해지는 고통보다 많은 고통을 사람들에게 가한다.

"그들이 나가서 내게 패역한 자들의 시체들을 볼 것이라 그 벌레가 죽지 아니하며 그 불이 꺼지지 아니하여 모든 혈육에게 가증함이 되리라"(사66:24)

후에 나는 마귀와 귀신들이 들어갈 장소를 보았다. 마귀의 머리 위에는 불쾌하게 이글거리는 불이 천 년 동안 타오르게 될 것이다. 불 못에는 더 처참하게 되어가고 있는 구렁텅이들이 있다.
"아들아, 너는 하나님께서 원하시는 것들을 이루었노라."
예수님께서 말씀하셨다.
우리는 다시금 플랫폼으로 올라갔다.
"제가 무엇이길래 지옥을 보고 올 수 있었나요?"
내가 예수님께 여쭈었다.
"다른 사람들에게 천국과 지옥에 관하여 말하거라."
예수님께서는 두 손으로 내 얼굴을 잡고서 내가 주님의 얼굴을 직접 볼 수 있도록 위로 올리시고는 말씀하셨다.
"내가 너를 얼마나 사랑하는지, 내가 너를 위해 무엇을 했는지 절대 잊지 말아라. 네가 세상으로 돌아가서 만나게 될 사람들을 내가 얼마나 사랑하는지, 그리고 내가 그들을 위해 예비한 장소가 있다는 것을 절대 잊지 말아라.

Chapter 20.
보좌를 두 번째 방문하다

"오직 주는 여호와시라 하늘과 하늘들의 하늘과 일월 성신과
땅과 땅 위의 만물과 바다와 그 가운데 모든 것을 지으시고
다 보존하시오니 모든 천군이 주께 경배하나이다"

(느9:6)

만유의 중심에 서다
하나님의 언약
물 위를 걷다
장미정원
주님께서 말씀하시다

나는 천국에 더 머물 수 없다는 것을 알았다. 나는 매우 명백하고 부드럽고 친절한 음성으로 내가 지구로 돌아가야 한다는 말을 들었다.

나는 나 자신이 예수님 곁에 서 있는 것을 발견했다. 예수님께서는 자기 주위에 모여든 몇몇 사람들에게 말씀하고 계셨다. 그들을 얼마나 사랑하셨는지를 말씀하고 계셨던 것이다. 나는 아무 말 하지 않고 서 있었다. 주님께서 왜 우리를 사랑하시는지 말씀하시고 표현하시는 것을 당신이 직접 듣기 전에는 완전히 이해할 수 없을 것이다. 우리 인간이 주님의 사랑의 순수함과 깊이와 의미를 이해하는 것은 주님 사랑의 진정한 의미와는 다르다. 우리는 우리를 사랑하사 자기 생명을 주셔서 언젠가 천국에서 주님과 함께 살도록 하신 것에 관해서 아는 것이 매우 적다.

후에 예수님께서는 자기 팔로 나의 두 어깨를 감싸고서 안아주셨고, 나는 억제하지 못하고 울었다. 나는 급류와 홍수처럼 밀려오는 가장 위대한 사랑과 가장 절대적인 받아들임에 잠겼다.

만유의 중심에 서다

나는 돌연 보좌가 있는 알현실로 다시 이끌려 갔다. 나는 죽은 사람처럼 엎드려 있었다. 내가 아는 것은 나 자신이 만유의 중심이신 창조자 앞에 있었다는 것이다. 나는 하나님의 사랑에 완전히 잠겨 있었다.

나는 영원히 천국으로 돌아가고 싶다. 천국에는 내 머리로 이해할 수 없는 풍경들이 있었다. 나는 그것들에 관해서 말하고 싶지 않다. 당신이 내 말을 들어도 믿지 않을 것이기 때문이다.

천국에는 향기가 있다. 이 향기는 하나님의 임재와 천국의 모든 것 사이를 이어주는 것 같았다. 이 향기는 진정으로 놀라웠다. 주님께서는 이것이 하나님의 향기라고 나에게 말씀하셨다. 이 말씀을 들었을 때에, 나는 주님 앞에 엎드렸다.

내가 바라보았던 모든 장소에 있던 사람들은 완전한 평화를 누리고 있었다. 절대적인 기쁨과 완전한 사랑은 천국의 법칙이다. 천국에는 내가 절대로 정확하게 말할 수 없는 광경들과 소리들이 있었다. 인간의 어휘로는 절대로 그것들을 표현해낼 수 없다. 천국에는 설명할 수 없는 구조물들과 원형 극장들이 있었다.

당신은 내가 이 세대를 위하여 증거하도록 허락된 전체 영역을 이해하거나 믿지 못할 것이다. 우리가 알고 있는 지구의 법칙인 물리의 법칙과 우주의 모든 법칙은 천국에서는 적용되지 않는다. 천국에는 오직 하나님의 뜻만이 적용된다.

나는 천국에 있도록 허락되었던 모든 시간 동안에 경이로운 것들을 끊임없이 목격했다. 예수님께서는 항상 완벽한 순간에 모습을 보이셨다. 나는 이에 관해서 더 낫게 설명할 수 없다. 그러하기에 내가 본 것만 말할 따름이다. 사람들은 사모하는 눈으로 잠잠히 바라보면서 "주님께서 오십니다."라고 속삭였다. 천국의 사람들이 우리의 구원자께 드리는 절대적인 경배와 같은 것을 이생의 사람들은 절대 경험하지 못할 것이다. 나는 이것을 항상 내 마음에 간직할 것이다. 영원히.

하나님의 언약

하나님의 보좌가 있는 알현실은 천국에서 가장 아름다운 장소였다. 그곳에 두 번째로 방문하는 동안에, 나는 첫 번째 방문 당시에 보았던 장소로 이끌려 간 것을 알게 되었다. 내가 그것을 기억하는 이유는 하나님 앞에서 매우 압도되었기 때문이다. 나는 이제 더 많은 것을 경험하기 위해 그곳에 다시 오게 된 것이었다.

보좌가 있는 알현실에는 천장이 높고 아치형의 방들이 있었다. 그 방들은 예수님의 살아있는 조각상의 맞은편에 있었다. 다시 말하지만, 그 조각상은 살아 있었다. 그것은 움직이고 말했다.

그 방들은 아치형의 출입구들이 있으며, 완전히 사적인 큰 장소로 이어져 있었다. 나는 거기에서 나의 이름 "시그문드 가의 리처드"가 새겨진 것을 보았다. 내 이름 밑에는 "야훼의 언약, 그리고 어린양의 대속 받은 자"라는 문구가 있었다.

나의 몸은 떨고 있었다. 아무 소리도 낼 수 없었다. 때로 침묵은 금이다. 그곳에는 아름답고 무대같이 생긴 구조물이 있었는데, 그것은 성경처럼 보이는 책이었다. 그 책의 앞 표지에는 다음의 문구와 더불어 사인이 되어 있었다.

"내 언약을 깨뜨리지 아니하고 내 입술에서 낸 것은 변하지 아니하리로다."(역주: 시편89:34를 참조)

나는 너무 놀랐다. 나는 주님이 흘리신 보혈과 나를 구원하시기 위해 지불하신 값이 생각났다. 나는 다시금 억제하기 어려울 정도로 눈물을 흘렸다.

그 책은 펼쳐져 있었다. 그리고 돌연 예수님께서 내 옆에 계셨다.

"이 말은 네 삶을 위한 나의 계획이니라. 네가 이 말을 존중하고 내 아버지의 명령에 순종하는 삶을 살면 내가 이 말을 존중할 것이니라."

예수님께서 말씀하셨다.

나는 주님의 발 앞에 엎드려서 부르짖었다.

"주 나의 하나님은 거룩하시나이다."

나는 예전에 언약의 능력을 전혀 알지 못했다. 그러나 이제는 언약의 능력을 절대 망각하지 않을 것이다. 언약은 영원할 것이다.

보좌가 있는 알현실에는 다른 방들이 있었다. 각 방은 거듭난 성도를 위한 것이었다. 당신이 보다시피, 하나님께서는 우리 각 사람을 위한 계획들을 가지고 계신다. 영원한 계획들 말이다.

물 위를 걷다

나는 떠나고 싶지 않았다. 하지만 선택의 여지가 없다는 것을 알았다. 비록 떠나야 했지만, 나는 내가 매우 친밀하게 말씀 드린 것은 하나님을 기쁘시게 했다는 것을 알았으므로 큰 기쁨을 누렸다. 나는 매우 즐거워서 말을 거의 하지 않았다.

후에 나는 수정처럼 맑은 바닷가 근처에 있는 장소로 이끌려 갔다. 그것은 주택들이 많이 있는 성이었다. 성은 나무들의 가지 끝 위에 떠 있었다. 건물들은 내가 전에 보았던 몇몇 주택들보다는 작았지만, 그 모양은 근사했다. 나는 천국시민 중의 몇몇이 바닷가를 비롯하여 여러 장소에 지어진 주택들을 갈망했다는 말을 천사로부터 들었다. 그리고 어떤 사람들은 자신들이 처하게 된 장소들에 자기 주택들이 있기를 원했다고 한다. 나는 하나님의 사랑에 놀랐다. 하나님께서는 우리가 그분을 기쁘시게 할 때에 우리 마음의 소원이 이루어지는 것을 좋아하신다.

나는 아이들을 보았고, 나이가 많은 사람도 보았다. 그들은 자기들이 사는 주택들 위로 떠서 걸어 다니고 있었다. 나는 또한 물 위를 걸어 다니는 사람들을 보았다. 그 광경은 나를 놀라게 했다. 천사는 나에게 "하나님으로서는 다 하실 수 있소이다."라고 말했다.(마19:26 참조)

나는 물 위를 걷고 싶은 열망이 생겼다. 천국에는 두려움이나 공포 같은 것이 없다. 천국에는 부정적인 감정들이 없다. 아예 처음부터 그런 것은 존재하지 않는다. 대신, 천국에는 하나님을 기쁘시게 하는 깊은 열망이 있다. 천국에는 기쁨과 평화와 사랑이 있으며, 완전한 화합이 있다.

그래서 나는 물 위로 걸음을 옮겼다. 나는 뒤를 보기 위해 돌아섰다. 그곳에는 예수님께서 기뻐하며 웃고 계셨다. 주님께서는 마치 어른들이 크리스마스 아침에 선물상자를 개봉하는 어린 아이의 큰 눈을 볼 때에 즐거워하는 것과 같은 미소를 짓고 계셨다. 나는 주님께 기쁨을 가져다 주었으며, 이것은 나로 하여금 하나님이 아버지 되심을 생각나게 했다.

나는 하나님께 영광을 돌리지 않을 수가 없었다.

장미정원

"오시오. 당신은 예수님과 다른 약속이 되어 있소."
천사가 완전한 겸손으로 머리를 숙이면서 말했다.
"이제 오시오. 주님께서 기다리고 계십니다."
나는 아름다운 장미정원으로 이끌려 갔다. 장미정원은 하나님께서 좋아하시는 장소이다. 그곳에는 실제로 장미덤불이 있었다. 장미는 지구에 있는 나무들만큼 컸다. 모든 종류의 장미가 있었다. 어떤 것은 거의 투명했지만, 수천 가지 색깔을 뿜어냈다. 그 색깔 중의 대다수는 지구에서 볼 수 없는 것들이었다. 나는 경탄했다.

장미정원 중간에는 정원에서 사용되는 금으로 만들어진 의자가 있었다. 예수님께서는 거기에서 나를 기다리고 계셨다. 나는 다시금 주님의 발 앞에 엎드렸다. 나는 매우 작은 목소리로 "나의 주님이요, 구원자이십니다."라고 말할 수밖에 없었다. 나는 큰 기쁨으로 흐느꼈다.

예수님께서 말씀하실 때에는 천국의 모든 것이 침묵하는 것 같았다. 예수님 곁에는 섬김이 천사들이 있었다. 주님께서는 그들에게 명령을 내리시고 계셨다. 나는 주님께서 천사들에게 내리시는 명령을 들을 수가 없었다. 아니면, 그 명령이 무엇인지 들어서는 안 되는 것일 수도 있다.

그곳에는 다른 사람이 몇 명 있었다. 나는 그 순간이 왜 그리 특별한지 깨달았다. 내가 무엇이길래 그곳에 서 있을 수 있었단 말인가? 나는 그 은혜를 절대 이해하지 못할 것이다.

나는 생전 우리 교회의 교인이었던 사람이 장미정원에 있던 무리 중에 있는 것을 발견했다. 나는 그에게 다가가서 포옹하기를 원했다. 거기에서 그를 만나는 것은 매우 기쁜 일이었다.

장미정원에는 내가 개인적으로 알고 지내던 사람들이 더 있었다. 만나보지 않았지만, 소식을 들어 알고 있던 사람들도 있었다. 또한, 거기에는 성경 인물들도 몇 명 있었다.

나는 불안정하게 무릎을 꿇고 있다가 일어서면서 휘청거렸다. 그들은 내가 자신들과 곧 다시 만나게 될 것을 나에게 알려 주었다. 우리는 재회하여 영원히 함께할 것이다. 이것은 나를 매우 기쁘게 했다.

주님께서 말씀하시다

천사는 나에게 의자에 앉아서 주님의 말씀을 들으라고 말했다. 마치 천국의 모든 존재가 아무 말 하지 않는 것 같았다. 주님께서 다가오시자, 나는 다시금 그분의 발 앞에 엎드렸다. 강철같이 강한 손이 나를 일으켰다. 나는 주님의 얼굴을 다시 바라보았다. 주님께서는 나를 완전히 받아들이신다는 사랑의 눈빛으로 바라보셨다. 나는 황홀과 평화 가운데 전율하고 있었다. 주님께서는 "앉아라." 하고 말씀하셨고, 나는 여전히 전율하면서 그 자리에 즉시 앉았다. 그러자 예수님께서 몇 발짝 물러서시더니 말씀을 시작하셨다.

"사람들은 수천 년 동안 내 말을 해석하려고 노력해왔노라. 어떤 해석은 영감을 받아 옳게 됐었노라. 그러나 어떤 해석은 내 아버지의 피조물을 타락의 길로 가게 하려고 마귀가 보낸 것이니라. 마귀는 내 은혜가 피조물을 구속하기 위해 임한 날부터 내 손에서 은혜를 강탈하려 하고 있노라. 하지만 내가 곧 재림하게 될 날까지, 내 아버지께서 나에게 맡기신 양들을 마귀에게 빼앗기지 않을 것이니라. 나는 모든 사람이 구원을 받을 수 있도록 모든 것을 이루었노라. 내 영광의 첫 빛이 우주를 창조했을 때에 내가 그곳에 있었노라. 별들이 창조되었을 때에 내가 거기에 있었노라. 내가 모든 것을 창조했느니라. 내가 모든 것을 질서대로 완벽하게 돌아가도록 창조하였느니라. 모든 것이 수천 년이 지나도록 완전하게 돌아가고 있노라. 나는 죄가 세상에 실제가 되기까지 처음 창조된 사람과 이 동산에서 교제했노라. 내 아버지는 마귀와 그를 따르던 모든 귀신을 바깥 어두운 곳으로 쫓아냈노라. 그들은 내가 내 신실한 성도들을 위하여 예비한 곳인 이 완전한 장소에서 쫓겨났노라. 세상의 끝이 얼마 남지 않았노라. 내 아버지 한 분만 아시느니라. 나는 천국의 군대들과 이곳에 있는 장로들과 함께 내 백성을 데리러 갈 것이니라. 그때는 모든 영원 속에서 가장 행복한 시간이 될 것이니라."

주님께서 이어서 말씀하셨다.

"너는 세상으로 돌아가야 할 것이니라."

나는 그 말을 듣자마자 울기 시작했다. 세상으로 돌아가야 한다는 생각이 나의 마음을 힘들게 했다. 주님께서 손을 내밀어 내 어깨를 만지셨다. 그러자 큰 평화가 다시 임했다.

"내 백성에게로 가서 네가 본 것을 말하거라. 그들에게 성전, 곧 그들의 몸을 정결케 하고 나의 성령으로 충만케 되라고 이르라. 오직 나의 도움으로만 그들이 종말을 견딜 수 있노라."

Chapter 21.
"너는 세상으로 돌아가리라"

"보라 내가 속히 오리니 내가 줄 상이 내게 있어 각 사람에게
그가 행한 대로 갚아 주리라 나는 알파와 오메가요 처음과 마지막이요
시작과 마침이라 자기 두루마기를 빠는 자들은 복이 있으니
이는 그들이 생명나무에 나아가며 문들을 통하여
성에 들어갈 권세를 받으려 함이로다"

(계22:12-14)

천국을 보고 온 후의 기적
당신은 영원한 생명을 얻을 준비가 되었는가

"너는 세상으로 돌아가야 할 것이니라."

예수님께서 말씀하셨다.

나는 한숨을 쉬었다. 예수님께서는 나를 책망하셨다.

"내 아버지의 뜻은 비통한 것이 절대로 아니니라. 네 발로 일어서라. 너는 돌아가야 하느니라. 너는 나중에 천국에 다시 돌아오게 될 것이라. 천사들이 너를 방문할 것이니라."

예수님께서는 이 말씀을 하시고 나를 안아주셨다.

돌연, 나는 엄청난 통증을 느꼈다. 내 얼굴 위에는 홑이불이 덮여 있었다. 나는 뼈들이 원상태로 붙는 것을 느낄 수 있었다. 내가 치유된 것이었다. 그때 한 음성이 들렸다.

"이 사람은 몇 시간 전에 사망했습니다."

나는 뼈가 부러져서 불쑥 튀어나온 왼쪽 손목이 펑 소리를 내며 원상태로 치유되는 것을 느낄 수 있었다.

"이제 방부처리를 해야 할 시간이 되었습니다." 누군가가 말했다.

"저는 죽지 않았어요." 나는 벌떡 일어나면서 말했다.

"죽은 사람이 살아났어요! 죽은 사람이 살아났다고요!" 누군가가 복도에서 비명을 질렀다.

나는 의사가 와서 하는 말을 들었다.

"이분이 죽은 것을 제가 진단했습니다. 이분은 죽었다고요."

하지만 나는 일어나 앉아 있었다. 다른 의사들과 간호사들이 뛰어왔다. 나는 그들에게 내가 다녀왔던 곳과 그곳에서 일어났던 일들에 관해서 이야기하기 시작했다. 사람들은 눈물을 흘리고 있었다. 의사들이 이구동성으로 말했다.

"이것은 하나님의 기적이 아닐 수 없습니다."

천국을 보고 온 후의 기적

내 자동차가 어떻게 사고를 당했는지 아는 사람은 지금껏 아무도 없다. 사고 당한 자동차 주변에는 다른 자동차들이 없었다. 내 자동차는 마치 두 대의 셔먼 탱크(Sherman Tank)에 의해 앞뒤가 동시에 부딪힌 것처럼 보였다. 경찰관은 마치 하나님께서 손뼉을 치실 때에 내가 그 가운데 있었던 것처럼 보인다고 말했다.

당신이 상상할 수 있듯이, 내가 천국에서 보낸 시간은 내 인생의 근본을 변화시켰다. 내게 있는 유일한 소망은 잃어버린 사람들을 예수님께로 인도하고, 아픈 사람들을 위해 기도하고, 성도들이 성령님으로 충만하게 되도록 도와주는 것이다. 천국에서 경험한 것에 관한 간증은 나로 하여금 사역을 더 쉽게 할 수 있도록 만들어준다. 왜냐하면, 사람들은 하나님께서 자신들을 위해 하실 수 있는 것에 관해 더 큰 기대를 가지고 내가 인도하는 집회들에 참석하기 때문이다. 내가 인도하는 집회들에는 항상 수많은 사람이 참석해 왔었지만, 내 간증은 더 많은 사람의 마음을 열어주는 역할을 하고 있다. 전에 없던 영향력이 발생한 것이다. 이 모든 것은 하나님의 역사이다.

초자연적인 나타내심과 확장된 사역

- 천국체험 후, 나는 계속해서 주님의 방문을 받고 있다. 하나님께서는 내 인생에 성령님을 부어주셨다. 나의 사역을 통해 눈먼 자들이 눈을 뜨게 되고, 귀먹은 자들이 듣게 되고, 앉은뱅이들이 걷게 되고, 또한 죽은 자들이 살아나는 것을 내 눈으로 직접 보았다.
- 내가 자동차를 운전하고 있을 때에 한 남자가 건너편 도로에 죽은 채로 누워 있었다. 앰뷸런스가 도착했을 때, 그 사람은 15분 동안이나 숨을 쉬지 않은 상태였다. 하지만 내가 기도하자 그의 생명이 돌아와서 살아났다.
- 또 한 사례는, 한 남자가 멕시코에서 교회를 건축하고 있을 때에 벽돌이 그의 머리로 떨어져서 그의 두개골이 빠개졌다. 그는 그 자리에서 죽었다. 나와 내 동료들이 그의 주위에 모여서 기도했고, 하나님께서는 그를 살려주셨다. 후에 그는 "저는 천국에 있었어요. 세상으로 돌아오고 싶지 않았어요."라고 말했다.
- 이런 일은 우리가 생각하는 것보다 훨씬 자주 일어난다. 내가 에이사 A. 앨런(A. A. Allen, 미국의 신유전도자, 1911-1970)과 사역했던 열네 살 또는 열다섯 살 때에, 우리는 신장질환과 뇌졸중으로 고통 받았던 한 젊은 여자가 입원한 병원을 찾아갔다. 우리가 병원에 도착했을 때에는 이미 그녀가 죽어서 사망진단을 받은 상태였다. 그러나 앨런과 여러 사역자는 죽은 지 한 시간이나 지난 그녀를 위해 기도했다. 장의사였던 그녀

의 아버지가 그녀의 시체를 확인하기 위해 병원으로 왔을 때에는 이미 그녀가 다시 살아난 후였다. 다음날 밤, 그녀는 교회에 왔고, 그녀의 생애에 단 하루도 아픈 적이 없었던 것처럼 건강하게 보였다. 이것은 기적이었다!

- 또 다른 기적들이 일어났다. 다리가 부러져서 병원에 입원한 남자가 있었다. 의사들은 골절된 다리가 치유되도록 고정하려 했지만 불가능했다. 그들은 내 친구 랜디 월리스(Randy Wallace)와 나에게 전화해서 그를 위해 기도해달라고 부탁했다. 하나님께서는 우리 눈 앞에서 그의 뼈를 붙여주셨고, 그의 다리는 그 자리에서 치유되었다.

나는 부흥회를 인도할 때마다 성령님의 기름 부음과 하나님의 기적 행하심을 경험했다. 내가 천국 간증을 할 때에, 항상 엄청난 수의 사람들이 하나님과 바른 관계를 맺고 싶어 한다. 만약 내가 그들의 처지에 놓여있다면, 나 역시도 그렇게 할 것이다. 나는 천국이라고 불리는 곳에 가고 싶어 할 것이기 때문이다!

나는 천국체험 후로 계속 천사들의 방문을 받고 있다. 비록 내가 나를 천국 곳곳으로 인도해주었던 그 두 천사를 다시는 보지 못했을지라도, 수다한 천사들의 방문을 받았다. 그리고 하나님께서는 나에게 더 풍성한 은혜를 부어주신다.

나는 지금 내 인생에 하나님의 깊은 은혜를 맛보고 있다. 예전에는 이것이 가능하다고 생각해본 적이 없다. 나는 다른 사람들이 받는 계시적 말씀보다 더 많이 받고 있는 것 같다. 이런 체험은 백의 하나 또는 평생 한 번밖에 못하는 체험 같다. 하지만 이러한 역사는 나에게 날마다 일어나고 있다. 나는 날마다 하나님의 음성을 듣고 있다. 나는 매일 하나님의 천사들을 보고 있다. 그리고 예수님을 자주 보았다.

내가 부흥회를 인도할 때에, 천사들이 내 눈에 보인다.

영광의 구름이 내 눈에 보인다.

사람들의 몸에 있는 질병과 약한 것들이 내 눈에 보인다.

그들을 고통스럽게 하는 귀신들이 내 눈에 보인다.

하나님께서 그들을 치유하실 때에 임하는 영광도 내 눈에 보인다.

천국의 예언 성취

나는 천국에 있는 동안에 장차 지구에서 어떤 사람들을 만나게 될 것이라는 말씀을 들었다. 그리고 지난 여러 해 동안에 그 사람들을 만나게 되었다. 그중 한 사람은 폴 헥스트롬이다. 나는 그의 주택이 "장미로"라고 불리는 길 옆에 건축되고 있는 것을 보았으며, 천국의 도서관에 그가 장차 쓰게 될 책들이 진열되어 있는 것을 보았다(제8장 참조).

나는 내 친구인 텔레비전 전도의 개척자 L. D. 크래이머 박사를 통해서 폴을 만났다. 크래이머는 폴의 이름을 언급했고, 나는 크래이머에게 "나는 그 이름을 알고 있어요."라고 말했다. 그리고 천국에서 나에게 일어났던 일과 내가 폴과 그의 아내 주디의 이름을 천국에서 건축 중인 그들의 주택에서 보았다는 것을 말해주었다. 크래이머는 유명한 사람이었기에, 나를 위해서 폴에게 연락을 취해 주었고, 폴은 나를 만나기 위해서 텍사스로 왔다.

하지만 그를 만나는 것이 처음에는 두려웠다. 나는 내가 그에게 말하게 될 것을 그가 듣고서 어떻게 반응할지 상상할 수 없었다. 그래서 나는 외출해야 한다는 핑계를 만들었다. 하지만 나는 내가 체험한 것에 관하여 사람들에게 말해주어야 할 필요가 있음을 알았고, 하나님께서는 그로 하여금 내 말을 들을 수 있도록 환경을 만들어주셨다.

폴과 내가 만났을 때에, 우리는 즉시 친구가 되었다. 우리는 현재 매우 친한 친구로 지내고 있다. 나는 천국의 도서관에서 내가 보았던 책들의 제목들을 그에게 말해주었고, 그는 "우리 부부는 지금 그 책들을 쓰는 중입니다."라고 말했다.

내가 만나게 될 것이라는 말을 들었던 또 한 사람은 시드 로스(Sid Roth)이다. 나는 천국에서 시드에 관한 것들을 많이 보았다. 나는 그가 어떤 맑은 날에 전화를 걸어서 자기가 운영하는 라디오와 TV 프로그램에 출연해줄 수 있는지를 알고 싶다고 물었을 때에 만나게 되었다. 나는 그때에 개인적인 문제 때문에 어디를 다닐 수 없는 상태였다. 그래서 우리는 라디오 프로그램을 위해서 전화 인터뷰를 하게 되었고, 그 후로 우리 둘은 친구로 지내고 있다. 시드는 내가 간증을 할 때에 하나님의 임재가 너무 강해서 의자에 앉아 있던 자신이 압도당했다고 말했다. 그때 하나님의 임재는 매우 강했었다.

하나님께 은혜를 입은 사람들

사람들은 계속해서 나의 사역과 천국체험 간증을 통해서 하나님의 은혜를 받고 있다. 내가 증거한 간증의 몇 가지는 이 책의 전장들에 이미 포함되어 있다. 하지만 나는 여기에서 하나를 나누고자 한다.

이라크에서 군대 장교로 근무하고 있던 사람이 나에게 전화해서 이 책을 두 상자 발송해달라고 부탁했다. 그 부대의 군목이 군사들에게 내 책을 나누어주었다. 어느 날, 군사 중 하나가 초계하는 동안에 읽으려고 내 책을 가지고 나갔다. 그와 그의 동료들은 겁이 났고, 모두 죽을지도 모른다는 생각을 했다. 그러나 그들은 매우 경건한 사람들이었다. 그래서 그들 중 하나가 내 책을 읽기 시작한 것이다.

그가 책을 읽고 있는데 적군이 방벽 뒤에 가까이 접근했다. 그때에 갑자기 수류탄 터지는 것처럼 큰 소리가 들렸다. 그 소리는 적군이 있던 자리에서 들리는 듯했다. 군사들은 방벽 너머를 살폈고, 삼십 명 이상의 적군이 미친 듯이 도망치는 것을 보았다. 그들은 즉시 그곳에서 빠져 나왔다.

다음 날, 그들은 적군의 몇 명을 포로로 잡아서 전날 밤에 무슨 일이 일어났길래 혼비백산하여 도망쳤는지를 물었다. 처음에는 대답하지 않았지만, 나중에 그중 하나가 "하늘에 거인들이 있는 것을 보고 놀라서 도망갔던 것이오."라고 말했다. 그러자 그 중 몇 명이 하늘에 거대한 남자들이 큰 칼들을 들고 있는 모습을 보았다고 부연했다. 나는 하늘에 있던 남자들이 천사들이었다고 믿는다. 천사 중 하나가 칼로 적군이 있던 곳의 앞쪽 땅을 내리치자, 그들이 대경실색하여 도망했던 것이다. 어떤 예리한 날이 그 벽돌 방벽을 둘로 쪼개 놓았다. 총알은 방벽을 그렇게 둘로 쪼개 놓을 수가 없다. 하나님께서 임재의 능력을 나타내셔서 천국체험에 관한 책을 읽고 있던 포위된 군사들을 보호하셨던 것이다.

당신은 영원한 생명을 얻을 준비가 되었는가?

하나님께서는 진정으로 나에게 표적과 기사와 기적을 행하는 예언적 사역을 위임하셨다. 나는 예수님께서 곧 다시 오신다는 것을 말하고 있다. 나는 세상으로 돌아온 후로 주님의 백성으로 하여금 주님을 맞이할 준비를 하라고 말하고 있다. 이것이 주님께서 나에게 부탁하신 것이다.

주님께서는 "사람들이 생각하지 못하는 때에 내가 곧 다시 올 것이니, 너희는 자신을 준비하여라. 내가 곧 오리라. 내가 곧 오리라."하고 말씀하셨다(마24:44, 눅12:40 참조). 주님께서는 자기 아들들과 딸들을 위하여 다시 오신다. 주님께서는 자기를 섬기는 사람들을 위해서 다시 오신다. 주님께서는 우리 모두를 천국이라고 불리는 곳으로 데려가시기 위해서 다시 오신다.

당신은 준비되었는가?
당신은 진정으로 준비되었는가?
만약 아직 준비되지 않았다 해도, 당신은 준비될 수 있다. 당신의 죄를 버리고 돌아서고, 예수 그리스도께서 당신을 대신하여 죽으신 것을 믿고, 예수님을 당신의 구원자와 주님으로 시인하라.

"네가 만일 네 입으로 예수를 주로 시인하며 또 하나님께서 그를 죽은 자 가운데서 살리신 것을 네 마음에 믿으면 구원을 받으리라 사람이 마음으로 믿어 의에 이르고 입으로 시인하여 구원에 이르느니라"(롬10:9,10)

"요한이 잡힌 후 예수께서 갈릴리에 오셔서 하나님의 복음을 전파하여 이르시되 때가 찼고 하나님의 나라가 가까이 왔으니 회개하고 복음을 믿으라 하시더라"(막1:14,15)

"이르시되 내가 은혜 베풀 때에 너에게 듣고 구원의 날에 너를 도왔다 하셨으니 보라 지금은 은혜 받을 만한 때요 보라 지금은 구원의 날이로다"(고후6:2)

후기: 하늘과 땅이 만나는 곳

"그러므로 너희가 그리스도와 함께 다시 살리심을 받았으면 위의 것을 찾으라 거기는 그리스도께서 하나님 우편에 앉아 계시느니라 위의 것을 생각하고 땅의 것을 생각하지 말라 이는 너희가 죽었고 너희 생명이 그리스도와 함께 하나님 안에 감추어졌음이라 우리 생명이신 그리스도께서 나타나실 그 때에 너희도 그와 함께 영광 중에 나타나리라"(골3:1-4)

내 간증을 듣거나 읽었던 수다한 사람들은 나에게 천국의 전망대에 관한 것과 천국에 먼저 간 가족들은 세상에 남아있는 유족들이 어떻게 지내는지를 얼마나 알고 있느냐고 물어보았다.

천국으로 "들림 받음"

천국과 지구는 대다수의 사람이 알고 있는 것보다 더 가깝게 "연결되어 있다." 이것은 우리가 쉽게 이해하지 못하는 것이다. 천국은 영원을 위한 하나님의 경륜 안에서 지구와 완전히 관련되어 있다.

모든 것은 영원에 목적이 있다. 천국과 지구는 영적 분위기와 찬양과 경배가 완전한 조화를 이루어 함께 넘쳐날 때에 만나게 된다. 이 일이 일어나면, 우리는 천국으로 "들림 받게" 된다. 천국에는 죄와 질병과 아픔이 거할 수 없는 곳이다.

당신은 하나님의 보좌 가까이에 거하게 될 것이다. 우리는 자신들을 완전히 부인함으로 하나님을 경배하고 찬양하고 사랑해야 한다. 그렇게 할 때에 우리는 하나님께서 인간의 영원한 영혼을 위해 예비하신 천국에 온전히 들어갈 수 있다. 우리는 모두 성령님의 도우심으로 천국에 거하게 된다.

지구와 천국에 일어나는 이벤트들

게다가, 이 땅에 있는 교회 안에 성령님의 큰 역사가 일어나면, 천국에서도 찬양과 경배하는 일들이 벌어진다. 내가 천국에 있는 동안, 세상에서 같은 교회에 다녔던 사람들의 무리를 보았다. 그들은 천국에서 재회했고, 수다한 천국의 "역할들"을 함께 감당했다. 그들은 자신들이 다니던 교회에서 부흥회가 열리던 날에 천국의 전망대에 앉아서 지구와 성도들이 드리던 찬양과 경배를 함께 드렸다. 그리고 모든 사람이 완전한 조화로 "아멘"을 말했다. 또한, 가끔 천사들도 찬양과 경배를 함께 드렸다.

천사들은 사람들에게 다음 "이벤트"가 지구에서 일어나는 때와 장소를 말해주었다. 나는 빌리 그래함의 전도집회가 열릴 때에 천국에서도 수백만 명의 사람이 그 집회에 참여했다는 것을 들었다. 게다가 천사들의 군대들이 사람들의 죄를 깨닫게 하려고 천국으로부터 파송을 받고 있었다. 우리가 하나님께 기도드리고 그분을 찾으면 이와 같은 일이 천국에서 벌어진다. 실제로 하나님의 말씀을 확증하기 위해서 파송 받는 천사들은 수를 헤아릴 수 없이 많다.

이 땅에 임한 하나님의 나라

예수님께서는 하나님의 나라가 이 땅에 임하고, 이 땅 위에서 하나님의 뜻이 이루어지게 되도록 기도하라고 가르치셨다(마 6:10 참조). 우리는 하나님의 나라의 본질을 추구하고 하나님의 성품을 본받고 이 땅을 위한 하나님의 경륜을 깨달아야 한다. "하나님의 나라는 먹는 것과 마시는 것이 아니요 오직 성령 안에 있는 의와 평강과 희락이라"(롬14:17) 우리는 하나님을 경외함으로 거룩하고 신령한 삶을 살도록 명령 받았다. 거룩하고 신령한 삶을 살게 될 때에, 그리스도의 충만함 속으로 들어갈 수 있게 되는 것이다. 그렇게 하므로 그리스도의 몸은 우리가 하나님의 아들을 믿는 믿음과 지식 안에서 하나가 되기까지 세워져야 한다.

"이는 성도를 온전하게 하여 봉사의 일을 하게 하며 그리스도의 몸을 세우려 하심이라"(엡4:12,13)

"그 안에는 신성의 모든 충만이 육체로 거하시고 너희도 그 안에서 충만하여졌으니 그는 모든 통치자와 권세의 머리시

라"(골2:9,10)

그리스도의 충만으로 들어가는 아홉 단계

어떻게 하면 그리스도의 충만으로 들어갈 수 있을까?
그리스도의 본성을 우리의 삶에 적용하면 된다.
그리스도의 충만으로 들어가는 데는 아홉 단계가 있다. 그 아홉 단계는 갈라디아서 5장 22,23절에 기록되어있다. "오직 성령의 열매는 사랑과 희락과 화평과 오래 참음과 자비와 양선과 충성과 온유와 절제니 이같은 것을 금지할 법이 없느니라."

내 친구는 하나님을 뜨겁게 찾는 시간을 갖는 동안에 자동차로 애리조나에 있는 산맥에 갔다. 그는 종종 어떤 특정한 산을 지나갔다. 그는 그 산을 지나갈 때마다 등반하고 싶은 충동을 항상 느꼈다. 그는 그 옆을 운전하여 지나가면서 "언젠가는 이 산을 오르고 말 거야. 이 산이 어떻게 생겼는지 반드시 보고 말 거야."라고 말했다.

어느 날, 그는 그곳을 지나갈 때에 그 산을 등반하고자 결심했다. 그는 꼭대기까지 올라갔다. 산밑에 있는 자동차를 꼭대기에서 볼 수 있었다. 날씨가 덥고 몸이 피곤했다. 그래서 몇 분 동안 쉬려고 바위에 누웠다. 그러나 너무 깊이 잠이 들었다. 잠에서 깨어날 때는 이미 어둑해진 상태였고, 하늘의 별들은 밝게 비치고 있었다.

그가 하늘을 보자, 밝고 눈이 부신 빛이 하늘에서 비치고 있었다. 그 빛이 내려온 지점에 천사가 서 있었다. 천사는 한 손에 두루마리를 들고서 "그리스도의 충만으로 가는 데는 아홉 단계가 있소."라고 말했다. 그 두루마리에는 성령님의 열매가 기록되어 있었다. 첫째는 긍휼이다. 당신은 긍휼 안에서 온전하게 되어야 한다. 그리고 긍휼이 당신의 삶 속에 넘치게 되면, 사랑도 당신의 삶 속에 하나님의 계획을 나타내줄 것이다. 당신은 하나님의 한량 없는 사랑이 없이는 긍휼을 품을 수 없다. 만약 당신이 하나님의 은혜를 얻고자 한다면, 그리스도의 긍휼을 보여주기 시작하라. 그렇게 되기 위해서는 당신의 자아가 죽어야 한다. 자비는 복음이다. 복음은 사랑의 법이다.

"사랑은 이웃에게 악을 행하지 아니하나니 그러므로 사랑은 율법의 완성이니라"(롬13:10)

"온 율법은 네 이웃 사랑하기를 네 자신 같이 하라 하신 한 말씀에서 이루어졌나니"(갈5:14)

"너희가 만일 성경에 기록된 대로 네 이웃 사랑하기를 네 몸과 같이 하라 하신 최고의 법을 지키면 잘하는 것이거니와"(약2:8)

나의 천국체험 끝에 예수님께서 다음과 같이 말씀하셨다. "내 백성은 긍휼을 잃었노라."

"나는 내 자녀들 속에 긍휼이 있기를 몹시 원하노라. 그들은 긍휼로 아버지의 사랑을 보여주게 되노라."

"모든 사람은 하나님의 은혜 안에서 질서를 따라 사랑을 보여주어야 하느니라."

나는 천국이 어떻게 "하나님의 본질적 법칙들"을 따르는지를 보았다. 천국에 있는 모든 사람은 하나님의 완전한 본질 안에 완전히 사로잡혀 있다. 나는 주님께서 이 말씀을 하셨을 때에 흐느끼기 시작했다. 나는 내 인생에 얼마나 하나님께 실망을 끼쳐드렸는지 알고 있다. 나는 주님의 발 앞에 엎드려서 경배와 찬양을 드렸다. 주님께서는 내 왼뺨을 어루만지셨다. 그 후에 나는 다시 일어섰다. 나는 절대로 같은 사람으로 남아 있지 않을 것이라는 점을 알았다.

금같이 귀한 간증

후에 나는 한 아름다운 건물로 이끌려 갔다. 그 건물 근처에는 내가 보았던 나무 중에서 가장 아름다운 나무들이 있었다. 나무들은 모두 다른 모양이었음에도 불구하고 어떤 면에서는 같았다. 나는 이에 관해서 설명할 수 없다. 내가 본 것을 말해주는 것 외에는 당신에게 해줄 것이 없다. 그 아름다운 건물 안에는 금 책꽂이들이 있었고, 그 위에는 수억 개의 두루마리가 꽂혀 있었다. 모든 두루마리는 단단한 금으로 만들어졌으며, 금 종이 같은 모양이었다.

한 천사가 두루마리 하나를 공손하게 펼쳤다. 그는 두루마리에서 "저를 치유하신 하나님께 모든 영광을 돌립니다. 그리스도께 제 삶을 드렸을 때, 저는 마약과 죄악의 삶으로부터 즉시 자유케 되었습니다. 현재 저는 밀워키(Milwaukee)에 세워진 교회의 사모로 섬기고 있습니다. 예수님께서 이 모든 것을 가능케 하셨습니다."라는 부분을 읽었다. 나는 그 여자가 누구인지 기억했을 때에 다시금 엎드려 찬양과 경배를 드렸다. 이 땅에서 전해진 모든 간증은 그곳에 보관되어 있다. 어떤 간증도 허공으로 사라지지 않는다. 모든 간증은 영원히 남게 된다.

내 곁에 있던 두 천사는 다른 천사가 간증을 읽는 동안에 완전히 놀라워하며 서 있었다. 그들은 하나님의 구속의 은혜를 절대로 알지 못할 것이다. 그들은 하나님을 섬기기 위해서 창조되었다. 그리고 그들은 모든 거듭난 성도들을 섬기기 위해서 창조된 영들이다.

다음 부분에는 내가 사역 후에 듣게 된 간증 중의 몇 개를 소개하고자 한다. 나는 다음의 간증들을 통해서 당신이 주 예수 그리스도를 믿고 어린양의 혼인잔치에 참예하기를 갈망하는 바이다. 또한, 다음의 간증들은 당신의 믿음을 일으켜 주어서 하나님의 치유를 받게 할 것이다.

"또 내가 들으니 허다한 무리의 음성과도 같고 많은 물 소리와도 같고 큰 우렛소리와도 같은 소리로 이르되 할렐루야 주 우리 하나님 곧 전능하신 이가 통치하시도다 우리가 즐거워하고 크게 기뻐하며 그에게 영광을 돌리세 어린 양의 혼인 기약이 이르렀고 그의 아내가 자신을 준비하였으므로 그에게 빛나고 깨끗한 세마포 옷을 입도록 허락하셨으니 이 세마포 옷은 성도들의 옳은 행실이로다 하더라 천사가 내게 말하기를 기록하라 어린 양의 혼인 잔치에 청함을 받은 자들은 복이 있도다 하고 또 내게 말하되 이것은 하나님의 참되신 말씀이라 하기로"(계19:6-9)

리치몬드 시그문드의 사역에 일어난
구원과 치유와 축귀의 간증

다음의 구원과 치유와 축귀의 간증들은 내가 받은 편지들에서 발췌한 것들이며, 간증자들의 허락 하에 그들의 이름을 공개했다. 간증들은 독자들이 읽기 좋게 약간의 편집이 가해졌다.

로렛타 블라싱게임 박사님과 저는 친구들이 운영하는 게스트하우스에서 일시적으로 머물던 중이었습니다. 블라싱게임 박사님은 게스트하우스 앞에 있는 콘크리트 통로에 넘어져서 머리와 허리와 무릎과 엉덩이와 발을 심하게 다쳤습니다. 고통은 참을 수 없을 만큼 심했습니다. 그녀는 피를 흘렸고, 온몸에 찰과상을 입었습니다. 사실 그녀는 미끄러져 넘어진 것이었고, 그녀의 왼손과 왼팔은 콘크리트처럼 회색으로 변했습니다.
우리 친구들은 집회에 참석하고 있었습니다. 그래서 저는 즉시 휴대폰을 사용하여 도움을 요청했습니다. 저는 리처드 시그문드 목사님에게 전화하여 블라싱게임 박사님에게 기적이 일어나도록 전화를 했습니다. 주님께서는 블라싱게임 박사님의 왼발이 골절된 것을 시그문드 목사님에게 환상으로 보여주셨습니다. 시그문드 목사님이 그녀를 위해 기도할 때에 주 예수님께서 그녀의 조각난 뼈들 위에 손을 얹으시는 것을 보았습니다. 시그문드 목사님은 그녀의 조각난 뼈들이 하나로 붙으면서 완전하게 치유되는 것을 본 것입니다. 시그문드 목사님은 한 시간 넘게 전화를 들고서 그녀의 몸의 부상당한 모든 부위를 놓고 기도했습니다. 그러자 그녀의 몸에 있던 고통이 사라지고 부기가 가라앉았습니다. 그녀는 보도에 바로 앉을 수 있게 되었습니다. 놀랍게도 혈흔과 찰과상도 사라졌습니다.

이틀 후, 우리는 블라싱게임 박사님이 받은 치유를 의사에게 확인 받고자 병원으로 갔습니다. 엑스레이를 많이 찍었지만, 그리 좋아 보이지 않았습니다. 엑스레이들은 그녀의 왼발이 심하게 부러져서 어긋나 있는 것을 보여주었습니다. 하지만 의사들이 엑스레이를 더 찍고 있을 때에 우리는 "주님, 의사들이 블라싱게임 박사에게서 문제를 발견하는 것을 허락하지 마소서. 저들이 주님께서 행하신 것을 목도하도록 하시옵소서."라고 기도했습니다. 그들이 더 많은 엑스레이를 찍은 후에 주치의가 들어와서 확인했습니다. 주치의는 놀라면서 "부러진 뼈가 하나도 없네요!"라고 말했습니다.

하나님께 영광을 돌립니다. 우리가 그때 하나님의 선택 받은 종 리처드 시그문드 목사님에게 통화할 수 있었던 것은 큰 은혜였습니다.

_ 앤 W. 맥앨리스터, 로렛타 블라싱게임 박사의 개인비서

76세의 노인이 리처드 시그문드 목사님의 부흥회에 참석했습니다. 그는 폐암을 앓고 있었고, 6개월밖에 못 산다는 진단을 받은 상태였습니다. 시그문드 목사님이 그를 위해 기도한 후, 그는 숨을 더 잘 쉴 수 있게 되었으며, 폐가 달라진 것을 느꼈습니다. 그가 다음 주에 의사를 찾아가서 검사를 받아보니 폐암이 80퍼센트 치유되었습니다. 후에 의사를 두 번째 방문했을 때에는 100퍼센트 치유되었습니다. 하나님께 영광을 돌립니다!

또한, 저는 위암 때문에 딱딱한 음식을 먹지 못하던 35살 정도 된 청년을 방문해달라는 부탁을 받았습니다. 그는 몸무게가 줄었고, 키에 비해서 말랐습니다. 저는 시그문드 목사님에게 전화해야 한다는 감동을 느꼈습니다. 저는 그 청년에게 자신이 치유 받을 것을 믿는지, 치유 기도를 받고 싶어 하는지를 물었습니다. 그리고 시그문드 목사님에게 임한 기름 부음에 관해서 말해주었습니다. 그는 기도 받기를 원했고, 시그문드 목사님은 휴대전화로 그를 위해 기도했습니다. 기도가 끝난 후에 시그문드 목사님은 그에게 복부를 눌러보라고 말했습니다. 그는 복부를 눌렀고, 아무 통증을 느끼지 않았습니다! 그 주에 그 청년은 주치의를 찾아가서 검사를 받았고, 위암으로부터 100퍼센트 치유 받았다는 말을 들었습니다. 하나님의 선하심을 인해 찬양을 드립니다! 휴대전화를 통해서도 하나님의 기름 부음이 사람들을 치유할 수 있다는 것은 매우 놀라운 일입니다!

_ 캐럴 프레이저 목사, 온 이글스 윙스 선교회 창립자 겸 이사

저는 수년 동안 타락한 상태로 살았었습니다. 저는 하나님으로부터 멀리 떠나서 심한 마약중독에 사로잡혀 있었습니다. 마약을 끊을 방법은 없었습니다. 그때는 제 인생의 매우 어두운 시절이었습니다. 후에 저는 시드 로스의 프로그램인 "It's Supernatural!"에서 리처드 시그문드 목사님의 간증을 듣게 되었습니다. 저는 라디오에서 록 콘서트(rock concert)를 듣고 있었는데, 아무도 리모컨을 누르지 않았음에도 불구하고 갑자기 채널이 바뀌었습니다. 시드 로스가 시그문드 목사님의 이름을 언급하기 시작하는 것을 듣자마자, 저는 몸을 움직일 수 없게 되었습니다. 채널을 바꾸고 싶었지만, 움직일 수가 없었던 것입니다.

시그문드 목사님의 간증을 듣는 동안에, 저는 죄를 깨닫기 시작했고, 하나님과의 바른 관계를 맺기를 원했습니다. 회개의 눈물이 엄청나게 흘러내렸습니다. 시그문드 목사님이 청취자들을 위해서 기도할 때에, 저는 마음에 준비하고 있었습니다. 저는 남편과 재결합하여 가족에게로 돌아왔으며, 가족 모두가 미주리에 있는 순복음교회에 다니고 있습니다. 하나님께서 시그문드 목사님의 천국체험 간증을 계속 사용하시기를 바랍니다.

_ 수잔 B

임신 7개월째였던 저의 딸이 매우 위독하게 되었을 때에, 저는 텍사스에 있는 랜디 윌리스 목사님의 교회에 다니고 있었습니다. 의사는 딸의 아기가 임신 4개월째에 사산되었으니 제거

수술을 받아야 한다고 말했습니다. 그 주일에 시그문드 목사님이 우리 교회에 방문했습니다. 저는 딸에게 다음날에 있게 될 수술이 잘 될 수 있도록 시그문드 목사님에게 기도를 받으라고 말했습니다. 시그문드 목사님은 딸에게 "이리 오십시오. 하나님께서는 자매님을 위해서 기적을 베푸십니다."라고 말했습니다. 그리고 시그문드 목사님이 제 딸을 위해 기도하시자, 딸의 배가 부풀어 오르기 시작했습니다. 저는 제가 목격했던 것을 믿을 수가 없었습니다. 후에 "죽었던" 아기가 발길질하면서 움직였습니다. 아기는 이제 세 살이 되었습니다. 저희는 하나님께서 그 주일에 행하신 기적으로 인하여 지금도 감격의 눈물을 흘립니다. 하나님은 위대하십니다.

– 루페 산체스(편집자주: 이 간증은 그들의 담임 목사 윌리스에 의해 확인되었다. 다음의 간증을 참조하라.)

우리 교회에 다니는 한 자매는 임신 중이었습니다. 그녀는 금요일에 의사를 찾아갔다가 태에 있는 아기가 사산됐다는 것을 알게 된 후에 주일예배에 참석했습니다. 아기는 심장박동이 없었습니다. 예배가 끝난 후, 리처드 시그문드 목사님이 월요일에 사산된 아기를 제거하는 수술을 받게 될 그녀를 위해 기도했습니다. 그녀는 의사를 찾아갔고, 아기를 다시 검사해달라고 부탁했습니다. 아기는 심장박동만 생긴 것이 아니라 튼튼하게 성장한 상태였습니다. 후에 아기는 놀라울 정도로 빠르게 성장했고, 건강하게 태어났습니다. 저는 교회에서 그 아기를 자주 보게 되는데, 아기에게는 건강상의 문제가 전혀 없습니다.

시그문드 목사님과 저는 텍사스 주의 랭카스터(Lancaster)에 있는 그레이스 교회에서 치유부흥회를 인도한 적이 있습니다. 그 교회에서 두 주간의 저녁 부흥회를 인도했는데, 그 기간에 270회의 기적이 일어났습니다. 시그문드 목사님은 하나님의 능력에 압도되어서 일어설 수 없었기에 제가 그를 부축해주어야 했습니다. 그래서 저는 그곳에서 일어났던 기적들을 두 눈으로 직접 목격할 수 있었던 것입니다.

허리에 큰 문제가 있던 여자가 집회에 참석했습니다. 이에 시그문드 목사님이 그녀를 위해 기도해주었습니다. 그녀는 재킷과 바지를 입고 있었습니다. 제가 바닥을 내려다보고 있을 때에 갑자기 그녀가 치유 받으면서 바지가 매우 짧아지는 것을 보았습니다. 그녀의 키는 8센티미터 정도 자란 것 같았습니다.

각종 암을 진단받은 사람들이 치유 받았습니다. 그들 중 몇몇은 말기암으로 인해 죽어가던 중이었습니다. 한 남자는 위암을 앓고 있었으며, 오랫동안 단단한 음식을 전혀 먹지 못했습니다. 그는 아무것도 삼키지 못했습니다. 제 생각에는 튜브로 음식물을 섭취했던 것 같습니다.

시그문드 목사님은 그를 위해 기도했습니다. 그러고서 "이제 밖으로 나가서 스테이크를 드십시오."라고 말했습니다. 그는 시그문드 목사님을 미친 사람이라고 생각한 듯 뚫어지게 쳐다보았습니다. 그러나 결국 그는 밤에 식당에 가서 스테이크를 주문하고 한 점도 남기지 않고 먹었습니다. 그는 다음 날 저녁에 치유부흥회에 다시 참석하여 간증했습니다. 그리고 시간이 갈수록 점점 더 좋아졌습니다. 그는 의사에게서 확인 받지는 않았지만, 자신이 치유되었다고 말했습니다. 만약 당신이 오랫동안 아무것도 먹지 못하다가 이제 먹을 수 있게 되었다면, 그것은 당신이 치유되었기 때문임이 틀림없습니다.

이 남자가 참석했던 시간에 어떤 목사의 딸도 참석했습니다. 그녀는 17-18살 정도 된 소녀였습니다. 이 소녀는 태어날 때부터 청각 장애를 갖고 있었습니다. 전혀 들을 수가 없었던 것이죠. 시그문드 목사님이 소녀를 위해 기도하자, 소녀는 신음하기 시작했습니다. 처음에 우리는 소녀가 어떤 고통을 느끼거나 문제가 생긴 줄로 생각했습니다. 그러나 그게 아니었습니다. 실제로는 소녀가 생전처음 소리를 들었기 때문에 놀라서 그런 것이었습니다.

게다가 저는 탈장과 심장병이 치유되는 것을 보았습니다. 또한, 사람들은 그 두 주간 동안에 당뇨병을 치유 받았다는 간증을 했습니다.

저는 리처드 시그문드의 사역을 통해서 일어난 다른 기적들을 보았습니다. 제가 리처드 목사님을 처음 만났을 때에, 우리는 텍사스 주의 랭커스터에 있는 병원에 입원한 어떤 남자를 위해 기도해주기 위해 갔습니다. 그는 AIDS로 죽어가는 상황이었습니다. 시그문드 목사님이 그를 위해 기도한 후, 의사는 그에게 AIDS가 사라졌다고 진단했습니다. 또한, 그는 왼 다리에 커다란 혹이 있었는데, 시그문드 목사님이 두 손을 다리에 올려놓고 기도하고서 혹을 잡고 떼자 혹이 사라졌습니다.

이 사건들은 제가 직접 목격한 것들이었습니다. 저는 항상 그것이 진짜 기적인지를 객관적으로 보기 위해서 눈을 뜨고 있었습니다. 시그문드 목사님이 사역할 때에 주님의 기름 부음이 임하여 기적이 일어났습니다.

하나님께서는 시그문드 목사님을 예언자로도 사용하고 계십니다. 그는 언젠가 우리 부부가 여행했을 때에 제 아내에게 말하기를, 아내의 가족 중 하나가 죽을 만큼 앓게 될 것이라고 했습니다. 그러나 그는 모든 것이 괜찮을 것이라는 표식으로 제 아내가 캔디 케인(역주: candy cane. 미국에서 크리스마스 장식으로 많이 쓰이는 지팡이 모양의 사탕)을 보게 될 것이라고 말했습니다. 리처드 목사님이 제 아내에게 말한 것은 그게 전부였습니다.

2년 후, 우리가 켄터키에 사는 아내의 가족을 방문했을 때, 아내의 언니가 심장마비를 겪게 되었습니다. 의료종사자들은 그녀가 살기 힘들 것으로 생각했고, 제 아내는 구급차에 같이 탔습니다. 그들이 구급차를 운전하여 오하이오 강을 가로질러 갈 때에, 제 아내는 강 하류에서 올라오고 있던 예인선을 보았습니다. 예인선의 굴뚝에는 캔디 케인 모양의 그림이 그려져 있었습니다. 그 그림을 보는 순간, 제 아내는 리처드 목사님이 말한 것을 기억했고, 주님께 감사를 드렸습니다. 나의 처형은 빠르게 회복하여서 병원에 두 시간 이상 머물지 않았습니다.

저는 시그문드 목사님의 사역을 통해 일어난 매우 경이로운 기적들을 목격했습니다. 하나님께서는 그가 기적을 행하도록 그를 사용하시고 계심이 분명합니다.

_ 랜디 월리스 목사, 뉴 호프 크리스천 센터

저는 시그문드 목사님이 텍사스 주의 댈러스에서 열었던 부흥회에 참석하기 전에 오랫동안 교회에 나가지 않았습니다. 저는 교회에 가는 것이 정말 싫었습니다. 하지만 제 친구를 만족하게 하기 위해서 교회에 가게 되었습니다. 지금 생각해보면, 그때 교회에 간 것이 매우 기쁜 일이 되었습니다.

교회에 온 사람 중에는 저의 척추가 심각하게 뒤틀려서 항상 통증을 겪고 있던 것을 아는 사람이 없었습니다. 저는 그 통증을 가지고 평생 살게 될 것으로 생각했습니다. 그 밤에, 저는 그리스도께 저의 삶을 다시 드리게 되었고, 저의 모든 죄악이 씻음 받았다는 것을 알게 되어서 기분이 훨씬 좋았습니다.

그때에 리처드 목사님이 저를 가리키더니 "하나님께서 자매님의 척추를 화살처럼 펴고 계십니다."라고 말했습니다. 하나님께서는 아무도 모르는 저의 고통을 시그문드 목사님에게 계시하신 것입니다. 시그문드 목사님이 저를 위해 기도한 후에 "여러분, 이 자매님의 두 발과 발목을 보십시오."라고 말했습니다. 제 척추가 곧게 되는 동안에 제 두 다리가 길어지는 것을 모든 사람이 볼 수 있었습니다. 저는 그 자리에서 키가 8센티미터 커졌습니다. 그 후로 저의 인생은 변화되었습니다. 제 인생에 기적을 행하신 하나님께 찬양을 드립니다.

_ 완다 피스톤

저는 시그문드 목사님이 미주리 주의 남동쪽에 있는 작은 마을에서 연 부흥회에 참석했습니다. 사람들은 모든 집회에 일어나고 있는 기적들에 관해서 말했습니다. 저는 심각한 심장병을 앓고 있었습니다. 의사는 제가 수술을 받아야 한다고 했지만, 수술을 받아도 크게 도움이 되지 않을 거라고도 말했습니다. 그래서 저는 이게 사실인지를 보기 위해 시그문드 목사님의 부흥회에 참석하기로 작정한 것입니다.

제가 집회장소에 들어왔을 때에, 시그문드 목사님은 강단 뒷부분에 서서 조용히 기도하고 있었습니다. 저는 안으로 들어갈 때에 강단을 바라보았고, 시그문드 목사님이 제 존재의 매우 깊은 곳까지 통찰할 수 있다는 것을 알게 되었습니다. 저는 누군가가 "이 밤은 너를 위한 밤이다."라고 하는 소리를 들었습니다.

시그문드 목사님은 강단초청을 한 후에 병든 사람들을 위해 기도하는 시간을 가졌습니다. 저는 치유 받지 못할까 봐 걱정했습니다. 그러나 다른 사람들은 모두 치유 받는 것 같았고, 집회는 끝날 때가 되었습니다. 시그문드 목사님이 마지막으로 기도해준 사람은 10대 소녀였습니다. 소녀는 치아가 심하게 어긋나 있었습니다. 소녀의 어머니는 "이 아이는 턱뼈 수술을 몇 번 받을 예정입니다. 그렇게 되면 얼굴이 손상된 채로 평생 살아야 합니다."라고 말했습니다. 우리가 보고 있는 동안에 소녀의 턱뼈가 뒤로 들어갔습니다. 이에 모든 사람이 기뻐했습니다.

후에 시그문드 목사님은 저를 쳐다보면서 미소를 지었습니다. 저는 기쁨의 비명을 질렀습니다. 그러자 몇몇 사람들이 웃

없고, 저는 치유 받을 준비가 되어 있었습니다. 시그문드 목사님은 저를 쳐다보면서 "입구에 들어올 때에 제가 쳐다봤던 그 여자 분이 맞죠? 제가 자매님을 쳐다볼 때에 하나님께서는 자매님이 필요로 하는 것이 무엇인지 보여주셨습니다. 자매님은 호흡에 심한 문제가 있고, 왼팔이 쑤시는 통증이 있습니다. 때로 자매님의 가슴에 시멘트 벽돌이 올려진 느낌이 들었을 겁니다."라고 말했습니다. 시그문드 목사님의 말씀은 모두 정확했습니다. 목사님은 또한 "하나님께서는 오늘 밤 자매님을 치유하실 것입니다."라고 말했습니다. 목사님은 저를 위해서 기도해주었고, 저는 바닥에 고꾸라졌습니다. 제가 일어났을 때에 호흡 문제가 사라졌고, 가슴이 가벼웠습니다.

다음날, 저는 신경 검사를 받았습니다. 검사결과는 제가 젊은 여자의 심장을 가지고 있다는 것을 보여주었습니다. 의사들은 매우 큰 충격을 받았습니다. 하나님께서 의사들의 눈앞에서 기적을 행하신 것입니다.

_ 놀마와 프레디 프래일리 부부

저는 금요일 밤에 방영된 시그문드 목사님의 TV 프로그램을 시청했습니다. 목사님은 모든 사람에게 치유가 필요한 곳에 손을 얹으라고 말했습니다. 저는 오른쪽 눈이 실명 상태였습니다. 목사님이 기도하자, 저는 26년 만에 처음으로 오른쪽 눈으로 보기 시작했습니다. 저는 난생 처음으로 완벽한 시력을 갖게 되었습니다. 저희는 하나님께서 행하실 수 있는 것을 모든 사람에게 전하고 있습니다.

_ 무명의 간증자

저는 이라크에 주둔하고 있는 군인이며, 거듭난 신자입니다. 우리 소대에는 23명의 신자가 있습니다. 저는 목사님의 책을 한 권 받게 되었습니다. 저는 며칠 동안 하나님의 영광의 임재 안에 완전히 잠겨 있었습니다.

여단 군목인 마크 소랜슨이 우리 소대에서 예배를 인도했었습니다. 그가 떠날 때에 시그문드 목사님의 책을 몇 권 더 주었습니다. 그 결과, 많은 소대원이 예수님을 알게 되었고, 소대원들 가운데 성령님의 기름 부음이 임했습니다.

소랜슨 군목은 우리의 사령관님에게도 리처드 목사님의 책을 주었습니다. 우리는 사령관님이 앉은 자리에서 끝까지 읽었다는 말을 들었습니다. 사령관님은 그때부터 그리스도를 믿는 사람이 되었고, 성령세례를 받고자 희구하고 있습니다. 하나님께 모든 영광을 돌립니다.

_ 토미 산체스

저는 현재 이라크에 주둔한 미국 해군에서 복무하고 있습니다. 저는 항상 하나님을 믿었지만, 그분에게 예배를 드린 적은 없습니다. 저는 인생 대부분을 죄짓는 데 허비했습니다. 저는 후회가 막심한 죄를 몇 번 지었습니다. 우리 부부가 인생의 어려움을 겪게 된 것도 저의 죄 때문입니다. 저는 제가 방황하고 있다는 것을 느꼈고, 어디로 가야 할지를 몰랐습니다. 그러던 어느 날, 제 아내가 저에게, 예배에 참석하여 하나님께 인도하심을 구하라고 말했습니다. 하여튼 저는 삶을 변화시키고자 하는 소망을 가지고 예배에 참석했습니다. 그때부터 하나님을 찾으며 모든 죄를 자백했습니다. 마음을 열고서 예수님께 대한 사랑을 고백했습니다.

저는 오늘 교회에 갔습니다. 군목님이 저에게 시그문드 목사님의 책을 주었습니다. 그는 우리가 더 많이 배울 수 있도록 이 책들이 발송된 것이라고 말했습니다. 저는 가족과 해군 동료들에게 실망을 끼친 것으로 인해 마음이 우울했습니다. 저는 예수님께서 저를 멀리 떠나신 것처럼 생각하고 있었습니다. 하지만 누군가가 저로 하여금 이 책을 놓지 말고 끝까지 읽으라고 말했습니다. 저는 의자에 앉아서 쉬지 않고 읽었습니다. 저는 예수님께서 "내가 저들을 사랑한다는 것을 저들에게 말하거라. 그리고 내가 행한 것들을 보아라." 하신 말씀을 반복하여 읽었습니다. 이 책은 저의 눈을 다시 열어주었습니다. 예수님께서는 저와 항상 함께 계십니다. 그분께서는 저의 고통을 아십니다. 저는 죄인이지만, 예수님께로 돌아갔습니다. 시그문드 목사님에게 감사하다는 말을 하고 싶습니다.

_ 무명의 간증자

저는 시그문드 목사님의 기도를 받기 위해서 전화를 걸었습니다. 저에게는 해결해야 할 문제가 많았습니다. 목사님과 대화하는 동안에, 목사님은 저 자신에 관한 모든 것과 심지어 제가 잊고 있었던 것들까지 말하기 시작했습니다. 목사님은 저의 자녀들의 이름들도 말해주었습니다. 저는 목사님에게 저의 가정에 관해서 말한 적이 없으며, 확신하건대 아무도 제 이름을 목사님에게 언급한 적이 없다는 것을 압니다. 그러나 목사님은 하나님으로부터 매우 많은 것을 들었습니다. 후에 목사님은 저에게 "형제님은 24시간 안에 180도 바뀌게 될 것입니다. 하나님께서는 저의 기도를 들으셨으며, 하나님의 도우심이 지금 임하고 있습니다."라고 말했습니다. 저는 매우 기뻤습니다. 다음날, 저를 떠났던 아내가 돌아왔습니다. 그리고 이전 직장의 사장이 저를 복직시키기 위해 전화하고는 더 많은 연봉을 제시했습니다. 시그문드 목사님은 모든 영광을 하나님께 돌렸습니다. 그러므로 저는 하나님의 찬양하기 위해 이 간증을 전하고 싶을 뿐입니다.

_ 어네스트 W.

저는 호주 시드니 근교에 살고 있습니다. 저는 시그문드 목사님의 텔레비전 방송을 보았습니다. 저는 목사님이 말씀하는 것을 들었으며, 치유기도를 하실 때에 따라서 했습니다. 저는 여러 질병으로 인하여 고통당하고 있었습니다. 의사들은 저에게 있는 질병이 정확히 무엇인지 판명하지 못했습니다. 저의 몸무게는 급격히 줄어서 43.5킬로그램까지 내려갔으며, 계속 줄고 있었습니다. 제가 텔레비전 스크린을 만졌을 때, 전기 같은 것이 제 몸에 들어오는 것처럼 어떤 충격을 느꼈습니다. 그 일이 있고 나서, 저는 배가 매우 고팠습니다. 저는 과거 1년 동안 단단한 음식을 전혀 먹지 못했습니다. 하지만 그 이후로 제 몸무게가 원상태로 돌아왔습니다. 이제 저는 3킬로미터 이상을 뛸 수 있습니다. 전에는 그렇게 뛰는 것이 불가능했습니다. 저는 하나님께서 제 인생에 행하신 일을 모든 사람에게 쉬지 않고 증거하고 있습니다.

_ 로렌스 모리스

"사람으로는 할 수 없으나

하나님으로서는

다 하실 수 있느니라"

(마19:26)

정선된 성구

천국에서 다스리시고 역사하시는 하나님

"그런즉 너는 오늘 위로 하늘에나 아래로 땅에 오직 여호와는 하나님이시요 다른 신이 없는 줄을 알아 명심하고 오늘 내가 네게 명령하는 여호와의 규례와 명령을 지키라 너와 네 후손이 복을 받아 네 하나님 여호와께서 네게 주시는 땅에서 한 없이 오래 살리라"(신 4:39,40)

"다윗이 온 회중 앞에서 여호와를 송축하여 이르되 우리 조상 이스라엘의 하나님 여호와여 주는 영원부터 영원까지 송축을 받으시옵소서 여호와여 위대하심과 권능과 영광과 승리와 위엄이 다 주께 속하였사오니 천지에 있는 것이 다 주의 것이로소이다 여호와여 주권도 주께 속하였사오니 주는 높으사 만물의 머리이심이니이다 부와 귀가 주께로 말미암고 또 주는 만물의 주재가 되사 손에 권세와 능력이 있사오니 모든 사람을 크게 하심과 강하게 하심이 주의 손에 있나이다"(대상29:10-12)

"오직 주는 여호와시라 하늘과 하늘들의 하늘과 일월 성신과 땅과 땅 위의 만물과 바다와 그 가운데 모든 것을 지으시고 다 보존하시오니 모든 천군이 주께 경배하나이다"(느9:6)

"여호와께서 하늘에서 굽어보사 모든 인생을 살피심이여 곧 그가 거하시는 곳에서 세상의 모든 거민들을 굽어살피시는도다 그는 그들 모두의 마음을 지으시며 그들이 하는 일을 굽어살피시는 이로다 많은 군대로 구원 얻은 왕이 없으며 용사가 힘이 세어도 스스로 구원하지 못하는도다 구원하는 데에 군마는 헛되며 군대가 많다 하여도 능히 구하지 못하는도다 여호와는 그를 경외하는 자 곧 그의 인자하심을 바라는 자를 살피사 그들의 영혼을 사망에서 건지시며 그들이 굶주릴 때에 그들을 살리시는도다"(시33:13-19)

"이는 하늘이 땅보다 높음 같이 내 길은 너희의 길보다 높으며 내 생각은 너희의 생각보다 높음이니라 이는 비와 눈이 하늘로부터 내려서 그리로 되돌아가지 아니하고 땅을 적셔서 소출이 나게 하며 싹이 나게 하여 파종하는 자에게는 종자를 주며 먹는 자에게는 양식을 줌과 같이 내 입에서 나가는 말도 이와 같이 헛되이 내게로 되돌아오지 아니하고 나의 기뻐하는 뜻을 이루며 내가 보낸 일에 형통함이니라"(사55:9-11)

"만군의 여호와가 이르노라 너희의 온전한 십일조를 창고에 들여 나의 집에 양식이 있게 하고 그것으로 나를 시험하여 내가 하늘 문을 열고 너희에게 복을 쌓을 곳이 없도록 붓지 아니하나 보라"(말 3:10)

"그러므로 너희는 이렇게 기도하라 하늘에 계신 우리 아버지여 이름이 거룩히 여김을 받으시오며 나라가 임하시오며 뜻이 하늘에서 이루어진 것 같이 땅에서도 이루어지이다"(마6:9,10)

"진실로 너희에게 이르노니 무엇이든지 너희가 땅에서 매면 하늘에서도 매일 것이요 무엇이든지 땅에서 풀면 하늘에서도 풀리리라 진실로 다시 너희에게 이르노니 너희 중의 두 사람이 땅에서 합심하여 무엇이든지 구하면 하늘에 계신 내 아버지께서 그들을 위하여 이루게 하시리라"(마18:18,19)

"사람들이 귀 먹고 말 더듬는 자를 데리고 예수께 나아와 안수하여 주시기를 간구하거늘 예수께서 그 사람을 따로 데리고 무리를 떠나사 손가락을 그의 양 귀에 넣고 침을 뱉어 그의 혀에 손을 대시며 하늘을 우러러 탄식하시며 그에게 이르시되 에바다 하시니 이는 열리라는 뜻이라"(막7:32-34)

"이 일 후에 내가 보니 하늘에 열린 문이 있는데 내가 들은 바 처음에 내게 말하던 나팔 소리 같은 그 음성이 이르되 이리로 올라오라 이 후에 마땅히 일어날 일들을 내가 네게 보이리라 하시더라 내가 곧 성령에 감동되었더니 보라 하늘에 보좌를 베풀었고 그 보좌 위에 앉으신 이가 있는데 앉으신 이의 모양이 벽옥과 홍보석 같고 또 무지개가 있어 보좌에 둘렸는데 그 모양이 녹보석 같더라 또 보좌에 둘려 이십사 보좌들이 있고 그 보좌들 위에 이십사 장로들이 흰 옷을 입고 머리에 금관을 쓰고 앉았더라 보좌로부터 번개와 음성과 우렛소리가 나고 보좌 앞에 켠 등불 일곱이 있으니 이는 하나님의 일곱 영이라 보좌 앞에 수정과 같은 유리 바다가 있고 보좌 가운데와 보좌 주위에 네 생물이 있는데 앞뒤에 눈들이 가득하더라 그 첫째 생물은 사자 같고 그 둘째 생물은 송아지 같고 그 셋째 생물은 얼굴이 사람 같고 그 넷째 생물은 날아가는 독수리 같은데 네 생물은 각각 여섯 날개를 가졌고 그 안과 주위에는 눈들이 가득하더라 그들이 밤낮 쉬지 않고 이르기를 거룩하다 거룩하다 거룩하다 주 하나님 곧 전능하신 이여 전에도 계셨고 이제도 계시고 장차 오실 이시라 하고 그 생물들이 보좌에 앉으사 세세토록 살아 계시는 이에게 영광과 존귀와 감사를 돌릴 때에 이십사 장로들이 보좌에 앉으신 이 앞에 엎드려 세세토록 살아 계시는 이에게 경배하고 자기의 관을 보좌 앞에 드리며 이르되 우리 주 하나님이여 영광과 존귀와 권능을 받으시는 것이 합당하오니 주께서 만물을 지으신지라 만물이 주의 뜻대로 있었고 또 지으심을 받았나이다 하더라"(계 4:1-11)

"내가 또 들으니 하늘 위에와 땅 위에와 땅 아래와 바다 위에와 또 그 가운데 모든 피조물이 이르되 보좌에 앉으신 이와 어린 양에게 찬송과 존귀와 영광과 권능을 세세토록 돌릴지어다 하니"(계 5:13)

"이 일 후에 내가 보니 각 나라와 족속과 백성과 방언에서 아무도 능히 셀 수 없는 큰 무리가 나와 흰 옷을 입고 손에 종려 가지를 들고 보좌 앞과 어린 양 앞에 서서 큰 소리로 외쳐 이르되 구원하심이 보좌에 앉으신 우리 하나님과 어린 양에게 있도다 하니 모든 천사가 보좌와 장로들과 네 생물의 주위에 서 있다가 보좌 앞에 엎드려 얼굴을 대고 하나님께 경배하여 이르되 아멘 찬송과 영광과 지혜와 감사와 존귀와 권능과 힘이 우리 하나님께 세세토록 있을지어다 아멘 하더라"(계7:9-12)

"일곱째 천사가 나팔을 불매 하늘에 큰 음성들이 나서 이르되 세상 나라가 우리 주와 그의 그리스도의 나라가 되어 그가 세세토록 왕 노릇 하시리로다 하니 하나님 앞에서 자기 보좌에 앉아 있던 이십사 장로가 엎드려 얼굴을 땅에 대고 하나님께 경배하여 이르되 감사하옵나니 옛적에도 계셨고 지금도 계신 주 하나님 곧 전능하신 이여 친히 큰 권능을 잡으시고 왕 노릇 하시도다 이방들이 분노하매 주의 진노가 내려 죽은 자를 심판하시며 종 선지자들과 성도들과 또 작은 자든지 큰 자든지 주의 이름을 경외하는 자들에게 상 주시며 또 땅을 망하게 하는 자들을 멸망시키실 때로소이다 하더라 이에 하늘에 있는 하나님의 성전이 열리니 성전 안에 하나님의 언약궤가 보이며 또 번개와 음성들과 우레와 지진과 큰 우박이 있더라"(계11:15-19)

땅에 보여진 천국

"하나님이 그에게 일러 주신 곳에 이른지라 이에 아브라함이 그 곳에 제단을 쌓고 나무를 벌여 놓고 그의 아들 이삭을 결박하여 제단 나무 위에 놓고 손을 내밀어 칼을 잡고 그 아들을 잡으려 하니 여호와의 사자가 하늘에서부터 그를 불러 이르시되 아브라함아 아브라함아 하시는지라 아브라함이 이르되 내가 여기 있나이다 하매 사자가 이르시되 그 아이에게 네 손을 대지 말라 그에게 아무 일도 하지 말라 네가 네 아들 네 독자까지도 내게 아끼지 아니하였으니 내가 이제야 네가 하나님을 경외하는 줄을 아노라"(창22:9-12)

"한 곳에 이르러는 해가 진지라 거기서 유숙하려고 그 곳의 한 돌을 가져다가 베개로 삼고 거기 누워 자더니 꿈에 본즉 사닥다리가 땅 위에 서 있는데 그 꼭대기가 하늘에 닿았고 또 본즉 하나님의 사자들이 그 위에서 오르락내리락 하고 또 본즉 여호와께서 그 위에 서서 이르시되 나는 여호와니 너의 조부 아브라함의 하나님이요 이삭의 하나님이라 네가 누워 있는 땅을 내가 너와 네 자손에게 주리니 네 자손이 땅의 티끌 같이 되어 네가 서쪽과 동쪽과 북쪽과 남쪽으로 퍼져 나갈지며 땅의 모든 족속이 너와 네 자손으로 말미암아 복을 받으리라 내가 너와 함께 있어 네가 어디로 가든지 너를 지키며 너를 이끌어 이 땅으로 돌아오게 할지라 내가 네게 허락한 것을 다 이루기까지 너를 떠나지 아니하리라 하신지라 야곱이 잠이 깨어 이르되 여호와께서 과연 여기 계시거늘 내가 알지 못하였도다 이에 두려워하여 이르되 두렵도다 이 곳이여 이것은 다

름 아닌 하나님의 집이요 이는 하늘의 문이로다 하고"(창 28:11-17)

"여호와의 사자가 떨기나무 가운데로부터 나오는 불꽃 안에서 그에게 나타나시니라 그가 보니 떨기나무에 불이 붙었으나 그 떨기나무가 사라지지 아니하는지라 이에 모세가 이르되 내가 돌이켜 가서 이 큰 광경을 보리라 떨기나무가 어찌하여 타지 아니하는고 하니 그 때에 여호와께서 그가 보려고 돌이켜 오는 것을 보신지라 하나님이 떨기나무 가운데서 그를 불러 이르시되 모세야 모세야 하시매 그가 이르되 내가 여기 있나이다 하나님이 이르시되 이리로 가까이 오지 말라 네가 선 곳은 거룩한 땅이니 네 발에서 신을 벗으라"(출3:2-5)

"두 사람이 길을 가며 말하더니 불수레와 불말들이 두 사람을 갈라놓고 엘리야가 회오리 바람으로 하늘로 올라가더라"(왕하2:11)

"솔로몬이 기도를 마치매 불이 하늘에서부터 내려와서 그 번제물과 제물들을 사르고 여호와의 영광이 그 성전에 가득하니 여호와의 영광이 여호와의 전에 가득하므로 제사장들이 여호와의 전으로 능히 들어가지 못하였고"(대하7:1,2)

"그 때에 제사장들과 레위 사람들이 일어나서 백성을 위하여

축복하였으니 그 소리가 하늘에 들리고 그 기도가 여호와의 거룩한 처소 하늘에 이르렀더라"(대하30:27)

"스데반이 성령 충만하여 하늘을 우러러 주목하여 하나님의 영광과 및 예수께서 하나님 우편에 서신 것을 보고 말하되 보라 하늘이 열리고 인자가 하나님 우편에 서신 것을 보노라 한대"(행7:55,56)

"내가 그리스도 안에 있는 한 사람을 아노니 그는 십사 년 전에 셋째 하늘에 이끌려 간 자라 (그가 몸 안에 있었는지 몸 밖에 있었는지 나는 모르거니와 하나님은 아시느니라)내가 이런 사람을 아노니 (그가 몸 안에 있었는지 몸 밖에 있었는지 나는 모르거니와 하나님은 아시느니라) 그가 낙원으로 이끌려 가서 말로 표현할 수 없는 말을 들었으니 사람이 가히 이르지 못할 말이로다"(고후12:2-4)

천국의 본질/ 하나님의 나라

"내가 항상 주와 함께 하니 주께서 내 오른손을 붙드셨나이다 주의 교훈으로 나를 인도하시고 후에는 영광으로 나를 영접하시리니 하늘에서는 주 외에 누가 내게 있으리요 땅에서는 주 밖에 내가 사모할 이 없나이다 내 육체와 마음은 쇠약하나 하나님은 내 마음의 반석이시요 영원한 분깃이시라"(시

73:23-26)

"내가 말하기를 인자하심을 영원히 세우시며 주의 성실하심을 하늘에서 견고히 하시리라 하였나이다"(시89:2)

"그러므로 누구든지 이 계명 중의 지극히 작은 것 하나라도 버리고 또 그같이 사람을 가르치는 자는 천국에서 지극히 작다 일컬음을 받을 것이요 누구든지 이를 행하며 가르치는 자는 천국에서 크다 일컬음을 받으리라"(마5:19)

"나더러 주여 주여 하는 자마다 다 천국에 들어갈 것이 아니요 다만 하늘에 계신 내 아버지의 뜻대로 행하는 자라야 들어가리라… 누구든지 하늘에 계신 내 아버지의 뜻대로 하는 자가 내 형제요 자매요 어머니이니라 하시더라"(마7:21, 12:50)

"이르시되 진실로 너희에게 이르노니 너희가 돌이켜 어린 아이들과 같이 되지 아니하면 결단코 천국에 들어가지 못하리라 그러므로 누구든지 이 어린 아이와 같이 자기를 낮추는 사람이 천국에서 큰 자니라… 삼가 이 작은 자 중의 하나도 업신여기지 말라 너희에게 말하노니 그들의 천사들이 하늘에서 하늘에 계신 내 아버지의 얼굴을 항상 뵈옵느니라"(마18:3,4,10)

"예수께서 이르시되 어린 아이들을 용납하고 내게 오는 것을 금하지 말라 천국이 이런 사람의 것이니라 하시고"(마19:14)

"부활 때에는 장가도 아니 가고 시집도 아니 가고 하늘에 있는 천사들과 같으니라"(마22:30)

"오직 너희는 원수를 사랑하고 선대하며 아무 것도 바라지 말고 꾸어 주라 그리하면 너희 상이 클 것이요 또 지극히 높으신 이의 아들이 되리니 그는 은혜를 모르는 자와 악한 자에게도 인자하시니라 너희 아버지의 자비로우심 같이 너희도 자비로운 자가 되라"(눅6:35,36)

"내가 너희에게 이르노니 이와 같이 죄인 한 사람이 회개하면 하늘에서는 회개할 것 없는 의인 아흔아홉으로 말미암아 기뻐하는 것보다 더하리라"(눅15:7)

"하나님의 나라는 먹는 것과 마시는 것이 아니요 오직 성령 안에 있는 의와 평강과 희락이라"(롬14:17)

"육체의 일은 분명하니 곧 음행과 더러운 것과 호색과 우상 숭배와 주술과 원수 맺는 것과 분쟁과 시기와 분냄과 당 짓는 것과 분열함과 이단과 투기와 술 취함과 방탕함과 또 그와 같은 것들이라 전에 너희에게 경계한 것 같이 경계하노니 이런 일

"선지자의 이름으로 선지자를 영접하는 자는 선지자의 상을 받을 것이요 의인의 이름으로 의인을 영접하는 자는 의인의 상을 받을 것이요 또 누구든지 제자의 이름으로 이 작은 자 중 하나에게 냉수 한 그릇이라도 주는 자는 내가 진실로 너희에게 이르노니 그 사람이 결단코 상을 잃지 아니하리라 하시니라"(마10:41,42)

"그 때에 의인들은 자기 아버지 나라에서 해와 같이 빛나리라 귀 있는 자는 들으라 천국은 마치 밭에 감추인 보화와 같으니 사람이 이를 발견한 후 숨겨 두고 기뻐하며 돌아가서 자기의 소유를 다 팔아 그 밭을 사느니라 또 천국은 마치 좋은 진주를 구하는 장사와 같으니"(마13:44-46)

"인자가 아버지의 영광으로 그 천사들과 함께 오리니 그 때에 각 사람이 행한 대로 갚으리라"(마16:27)

"인자로 말미암아 사람들이 너희를 미워하며 멀리하고 욕하고 너희 이름을 악하다 하여 버릴 때에는 너희에게 복이 있도다 그 날에 기뻐하고 뛰놀라 하늘에서 너희 상이 큼이라 그들의 조상들이 선지자들에게 이와 같이 하였느니라"(눅6:22,23)

"적은 무리여 무서워 말라 너희 아버지께서 그 나라를 너희에게 주시기를 기뻐하시느니라 너희 소유를 팔아 구제하여 낡아지지 아니하는 배낭을 만들라 곧 하늘에 둔 바 다함이 없는 보물이니 거기는 도둑도 가까이 하는 일이 없고 좀도 먹는 일이 없느니라 너희 보물 있는 곳에는 너희 마음도 있으리라" (눅12:32-34)

"그런즉 심는 이나 물 주는 이는 아무 것도 아니로되 오직 자라게 하시는 이는 하나님뿐이니라 심는 이와 물 주는 이는 한 가지이나 각각 자기가 일한 대로 자기의 상을 받으리라 우리는 하나님의 동역자들이요 너희는 하나님의 밭이요 하나님의 집이니라 내게 주신 하나님의 은혜를 따라 내가 지혜로운 건축자와 같이 터를 닦아 두매 다른 이가 그 위에 세우나 그러나 각각 어떻게 그 위에 세울까를 조심할지니라 이 닦아 둔 것 외에 능히 다른 터를 닦아 둘 자가 없으니 이 터는 곧 예수 그리스도라 만일 누구든지 금이나 은이나 보석이나 나무나 풀이나 짚으로 이 터 위에 세우면 각 사람의 공적이 나타날 터인데 그 날이 공적을 밝히리니 이는 불로 나타내고 그 불이 각 사람의 공적이 어떠한 것을 시험할 것임이라 만일 누구든지 그 위에 세운 공적이 그대로 있으면 상을 받고 누구든지 그 공적이 불타면 해를 받으니 그러나 자신은 구원을 받되 불 가운데서 받은 것 같으리라"(고전3:7-15)

"이는 우리가 다 반드시 그리스도의 심판대 앞에 나타나게 되

"또 내가 보니 죽은 자들이 큰 자나 작은 자나 그 보좌 앞에 서 있는데 책들이 펴 있고 또 다른 책이 펴졌으니 곧 생명책이라 죽은 자들이 자기 행위를 따라 책들에 기록된 대로 심판을 받으니 바다가 그 가운데에서 죽은 자들을 내주고 또 사망과 음부도 그 가운데에서 죽은 자들을 내주매 각 사람이 자기의 행위대로 심판을 받고 사망과 음부도 불못에 던져지니 이것은 둘째 사망 곧 불못이라 누구든지 생명책에 기록되지 못한 자는 불못에 던져지더라"(계20:12-15)

"무엇이든지 속된 것이나 가증한 일 또는 거짓말하는 자는 결코 그리로 들어가지 못하되 오직 어린 양의 생명책에 기록된 자들만 들어가리라"(계 21:27)

영원한 천국의 상들

"의를 위하여 박해를 받은 자는 복이 있나니 천국이 그들의 것임이라 나로 말미암아 너희를 욕하고 박해하고 거짓으로 너희를 거슬러 모든 악한 말을 할 때에는 너희에게 복이 있나니 기뻐하고 즐거워하라 하늘에서 너희의 상이 큼이라 너희 전에 있던 선지자들도 이같이 박해하였느니라"(마5:10-12)

"나는 너희에게 이르노니 너희 원수를 사랑하며 너희를 박해하는 자를 위하여 기도하라 이같이 한즉 하늘에 계신 너희 아버지의 아들이 되리니 이는 하나님이 그 해를 악인과 선인에게 비추시며 비를 의로운 자와 불의한 자에게 내려주심이라 너희가 너희를 사랑하는 자를 사랑하면 무슨 상이 있으리요 세리도 이같이 아니하느냐 또 너희가 너희 형제에게만 문안하면 남보다 더하는 것이 무엇이냐 이방인들도 이같이 아니하느냐 그러므로 하늘에 계신 너희 아버지의 온전하심과 같이 너희도 온전하라 사람에게 보이려고 그들 앞에서 너희 의를 행하지 않도록 주의하라 그리하지 아니하면 하늘에 계신 너희 아버지께 상을 받지 못하느니라 그러므로 구제할 때에 외식하는 자가 사람에게서 영광을 받으려고 회당과 거리에서 하는 것 같이 너희 앞에 나팔을 불지 말라 진실로 너희에게 이르노니 그들은 자기 상을 이미 받았느니라 너는 구제할 때에 오른손이 하는 것을 왼손이 모르게 하여 네 구제함을 은밀하게 하라 은밀한 중에 보시는 너의 아버지께서 갚으시리라 또 너희는 기도할 때에 외식하는 자와 같이 하지 말라 그들은 사람에게 보이려고 회당과 큰 거리 어귀에 서서 기도하기를 좋아하느니라 내가 진실로 너희에게 이르노니 그들은 자기 상을 이미 받았느니라"(마5:44-6:6)

"누구든지 사람 앞에서 나를 시인하면 나도 하늘에 계신 내 아버지 앞에서 그를 시인할 것이요 누구든지 사람 앞에서 나를 부인하면 나도 하늘에 계신 내 아버지 앞에서 그를 부인하리라"(마10:32,33)

을 하는 자들은 하나님의 나라를 유업으로 받지 못할 것이요 오직 성령의 열매는 사랑과 희락과 화평과 오래 참음과 자비와 양선과 충성과 온유와 절제니 이같은 것을 금지할 법이 없느니라"(갈5:19-23)

"이러므로 우리에게 구름 같이 둘러싼 허다한 증인들이 있으니 모든 무거운 것과 얽매이기 쉬운 죄를 벗어 버리고 인내로써 우리 앞에 당한 경주를 하며"(히12:1)

"오직 위로부터 난 지혜는 첫째 성결하고 다음에 화평하고 관용하고 양순하며 긍휼과 선한 열매가 가득하고 편견과 거짓이 없나니"(약3:17)

"우리는 그의 약속대로 의가 있는 곳인 새 하늘과 새 땅을 바라보도다"(벧후3:13)

천국 생명책에 기록된 이름들

"내 형질이 이루어지기 전에 주의 눈이 보셨으며 나를 위하여 정한 날이 하루도 되기 전에 주의 책에 다 기록이 되었나이다"(시139:16)

"내가 너희에게 뱀과 전갈을 밟으며 원수의 모든 능력을 제어

할 권능을 주었으니 너희를 해칠 자가 결코 없으리라 그러나 귀신들이 너희에게 항복하는 것으로 기뻐하지 말고 너희 이름이 하늘에 기록된 것으로 기뻐하라 하시니라"(눅10:19,20)

"또 참으로 나와 멍에를 같이한 네게 구하노니 복음에 나와 함께 힘쓰던 저 여인들을 돕고 또한 글레멘드와 그 외에 나의 동역자들을 도우라 그 이름들이 생명책에 있느니라"(빌4:3)

"그러나 너희가 이른 곳은 시온 산과 살아 계신 하나님의 도성인 하늘의 예루살렘과 천만 천사와 하늘에 기록된 장자들의 모임과 교회와 만민의 심판자이신 하나님과 및 온전하게 된 의인의 영들과 새 언약의 중보자이신 예수와 및 아벨의 피보다 더 나은 것을 말하는 뿌린 피니라"(히12:22-24)

"이기는 자는 내 하나님 성전에 기둥이 되게 하리니 그가 결코 다시 나가지 아니하리라 내가 하나님의 이름과 하나님의 성 곧 하늘에서 내 하나님께로부터 내려오는 새 예루살렘의 이름과 나의 새 이름을 그이 위에 기록하리라"(계3:12)

"이기는 자는 이와 같이 흰 옷을 입을 것이요 내가 그 이름을 생명책에서 결코 지우지 아니하고 그 이름을 내 아버지 앞과 그의 천사들 앞에서 시인하리라"(계3:5)

어 각각 선악간에 그 몸으로 행한 것을 따라 받으려 함이라"(고전5:10)

"기쁜 마음으로 섬기기를 주께 하듯 하고 사람들에게 하듯 하지 말라 이는 각 사람이 무슨 선을 행하든지 종이나 자유인이나 주께로부터 그대로 받을 줄을 앎이라"(엡6:7,8)

"무슨 일을 하든지 마음을 다하여 주께 하듯 하고 사람에게 하듯 하지 말라 이는 기업의 상을 주께 받을 줄 아나니 너희는 주 그리스도를 섬기느니라"(골3:23,24)

"그러므로 너희 담대함을 버리지 말라 이것이 큰 상을 얻게 하느니라 너희에게 인내가 필요함은 너희가 하나님의 뜻을 행한 후에 약속하신 것을 받기 위함이라 잠시 잠깐 후면 오실 이가 오시리니 지체하지 아니하시리라 나의 의인은 믿음으로 말미암아 살리라 또한 뒤로 물러가면 내 마음이 그를 기뻐하지 아니하리라 하셨느니라 우리는 뒤로 물러가 멸망할 자가 아니요 오직 영혼을 구원함에 이르는 믿음을 가진 자니라"(히10:35-39)

"믿음으로 모세는 장성하여 바로의 공주의 아들이라 칭함 받기를 거절하고 도리어 하나님의 백성과 함께 고난 받기를 잠시 죄악의 낙을 누리는 것보다 더 좋아하고 그리스도를 위하여 받는 수모를 애굽의 모든 보화보다 더 큰 재물로 여겼으니 이는 상 주심을 바라봄이라"(히11:24-26)

"너희는 스스로 삼가 우리가 일한 것을 잃지 말고 오직 온전한 상을 받으라 지나쳐 그리스도의 교훈 안에 거하지 아니하는 자는 다 하나님을 모시지 못하되 교훈 안에 거하는 그 사람은 아버지와 아들을 모시느니라"(요이1:8,9)

"보라 내가 속히 오리니 내가 줄 상이 내게 있어 각 사람에게 그가 행한 대로 갚아 주리라 나는 알파와 오메가요 처음과 마지막이요 시작과 마침이라 자기 두루마기를 빠는 자들은 복이 있으니 이는 그들이 생명나무에 나아가며 문들을 통하여 성에 들어갈 권세를 받으려 함이로다 개들과 점술가들과 음행하는 자들과 살인자들과 우상 숭배자들과 및 거짓말을 좋아하며 지어내는 자는 다 성 밖에 있으리라 나 예수는 교회들을 위하여 내 사자를 보내어 이것들을 너희에게 증언하게 하였노라 나는 다윗의 뿌리요 자손이니 곧 광명한 새벽 별이라 하시더라"(계22:12-16)

8시간의 죽음, 천국과 지옥의 파노라마

발행일　1판 1쇄 2015년 02월 28일
　　　　1판 3쇄 2025년 06월 30일

지은이 리처드 시그문드
옮긴이 임은묵
발행인 이환호
펴낸곳 도서출판 예찬사
등록 1979. 1. 16 제2018-000103호
주소 경기도 고양시 덕양구 중앙로 557번길 8-9.
　　　엠앤지프라자 407-2호
전화 02-798-0147-8
팩스 02-798-0145, 031-979-0145
블러그 blog.naver.com/yechansa
전자우편 octo0691@naver.com
ISBN 978-89-7439-420-2　03230

Copyright ⓒ도서출판 예찬사2014<Printed in Korea>